AF341345

LES

CATHOLIQUES LIBÉRAUX

OUVRAGES DU MÊME AUTEUR

HEURES DE SOLITUDE, fantaisies poétiques. Paris, 1865. DENTU.

LA RESTAURATION DE NOS MONUMENTS HISTORIQUES DEVANT L'ART ET DEVANT LE BUDGET. Brochure in-8°. Paris, 1875. Alphonse PICARD.

UN EMPEREUR, UN ROI, UN PAPE, UNE RESTAURATION. Paris, 1879. CHARPENTIER. (L'empereur Napoléon III et la politique du second Empire. — Le roi Victor-Emmanuel et la monarchie italienne. — Pie IX, le Saint-Siége et l'Église. — La monarchie espagnole sous Alphonse XII.)

L'EMPIRE DES TSARS ET LES RUSSES. In-8°. Paris, HACHETTE, 1882-1883.

> Tome I{er}. — LE PAYS ET LES HABITANTS.
> Tome II. — LES INSTITUTIONS.
> Tome III. — LA RELIGION (en préparation).

UN HOMME D'ÉTAT RUSSE (Nicolas Milutine), d'après sa correspondance inédite, étude sur la Russie et la Pologne pendant le règne d'Alexandre II, 1855-1872. Paris, HACHETTE, 1884.

PARIS. TYPOGRAPHIE E. PLON, NOURRIT ET Cie, RUE GARANCIÈRE, 8.

LES
CATHOLIQUES LIBÉRAUX

L'ÉGLISE ET LE LIBÉRALISME

DE 1830 A NOS JOURS

PAR

ANATOLE LEROY-BEAULIEU

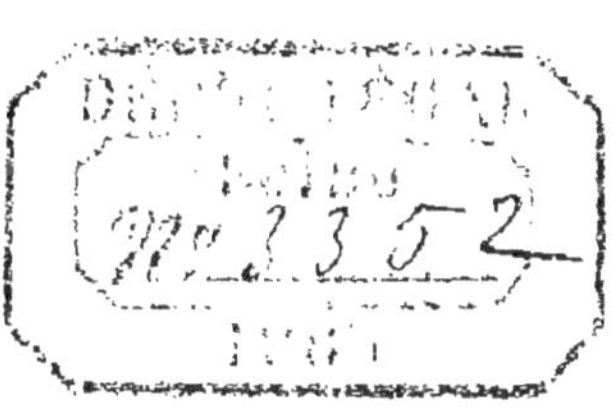

PARIS

LIBRAIRIE PLON

E. PLON, NOURRIT et Cie, IMPRIMEURS-ÉDITEURS

RUE GARANCIÈRE, 10

1885

Tous droits réservés

INTRODUCTION

Avant de voir de quelle manière l'Église et
les catholiques, libéraux ou non, considèrent
le libéralisme et les libertés modernes, il ne
nous semble pas inutile de rechercher en
quelques pages comment le libéralisme, comment les libéraux de principes, maîtres de
leurs opinions et de leurs actes, envisagent
les questions religieuses. On nous permettra
d'examiner rapidement quelle solution ils leur
ont prétendu donner, de quels arguments ils
l'ont appuyée, de quelle façon ils l'ont fait
prévaloir.

Après avoir exposé les vues du libéralisme
en cette matière d'une suprême délicatesse,
il nous faudra jeter un coup d'œil sur ses pro-

cédés. Nous aurons à nous demander si sa conduite est demeurée d'accord avec ses principes. S'est-il toujours montré fidèle à ses maximes? et lorsqu'il s'en est écarté, d'où sont venues ses déviations? où l'ont amené ses défaillances ?

Et d'abord, qu'entendons-nous par libéralisme? car peu de mots, il faut l'avouer, ont plus souvent varié de sens suivant les pays ou les époques. Il ne saurait être question de faire ici l'histoire ni la philosophie du libéralisme. Nous ne voulons parler d'aucune école, d'aucun groupe en particulier, mais bien du libéralisme en général, du libéralisme moderne au sens le plus étendu du mot, du libéralisme français et continental surtout.

Quel en est le caractère essentiel, le trait distinctif? C'est, avant tout, nous semble-t-il, la prétention de résoudre toutes les questions d'une manière rationnelle, à l'aide de principes abstraits, conformément à la logique et aux aspirations de la nature humaine, aspirations revêtues du nom de droits du citoyen, ou de droits du peuple.

Tel est, à notre sens, le caractère fonda-

mental du libéralisme moderne, du libéralisme français notamment : issu de la Révolution, il en a gardé la marque. Comme la
Révolution, bien qu'avec plus de mesure, il est
au fond demeuré spéculatif, idéaliste, opti-
miste même ; c'est ce qui a fait sa force d'ex-
pansion dans le monde.

A l'État vivant sur la tradition et la coutume
le libéralisme moderne a prétendu, lui aussi,
substituer peu à peu un État fondé sur la raison et la nature. En ce sens, on ne saurait
nier qu'il est à la fois rationaliste et naturaliste. Aux priviléges historiques, aux prérogatives traditionnelles ou héréditaires, aux
droits particuliers des princes, des Églises,
des classes, des communautés, il a fait succéder les droits généraux, les droits naturels
des gouvernés, considérés tantôt individuelle-
ment comme citoyens, tantôt collectivement
comme nation.

Toutes les questions qui peuvent diviser
les peuples, qui les divisent en fait, depuis des
siècles, le libéralisme s'est flatté de les trancher conformément à la raison et au droit
abstrait, et cela à l'aide de deux idées simples,

de deux notions dont il croyait retrouver partout le sentiment ou le besoin : la liberté et l'égalité. Cette double base, ainsi prise au fond du cœur humain, lui semblait assez large et assez solide pour rebâtir dessus tout le monde politique, et l'État et la société. Liberté à tous et sur toute matière, liberté en politique, liberté en religion, liberté du travail, liberté de la propriété, liberté dans les rapports sociaux, la liberté de chacun n'ayant d'autre limite que celle d'autrui ; égalité, non pas absolue et matérielle, mais égalité morale, égalité de droits, égalité devant la loi et l'État ; *æqua libertas,* comme disaient les anciens : telle était la formule qui devait assurer au monde moderne l'ordre, la paix et la prospérité, en vain longtemps cherchés dans des principes différents.

Nous n'avons pas à nous demander jusqu'à quel point ces vues étaient rationnelles et ces espérances légitimes. Nous n'avons pas à montrer ce qui pouvait s'y mêler d'illusion ou de présomption. Nous n'avons point à rechercher si, en voulant plier le monde concret, le monde complexe et mobile de la politique aux déductions de la raison abstraite et du droit spéculatif, le libéralisme ne courait pas au-devant d'inévitables mécomptes; si, en se flattant de faire à jamais régner, sous le sceptre de la liberté, la justice et la paix, il n'attendait pas trop des constitutions et de la législation écrite; si, enfin, en se promettant de pacifier les sociétés modernes, il n'avait pas trop présumé de l'homme et de la raison, et peut-être aussi de la liberté, qui, en somme, n'est qu'un moyen et non un but, car, si elle favorise le développement intellectuel et matériel des sociétés, la liberté, pas plus que la science, sa compagne habituelle, ne saurait suppléer aux doctrines morales, les seules dont une civilisation se nourrisse et vive.

Ce n'est pas ici le lieu de répondre à de pareilles questions. Aussi bien nous l'avons récemment tenté ailleurs [1]. Parmi les causes des désappointements du libéralisme, il en est une toutefois que nous ne saurions nous dispenser de signaler, c'est l'avénement de la démocratie, avénement qui sera le trait le

---

[1] Voyez dans la *Revue des Deux Mondes*, du 15 mai 1885, l'article intitulé : *Les mécomptes du libéralisme*.

plus saillant de l'histoire du dix-neuvième siècle et auquel le libéralisme a lui-même largement contribué. La démocratie était la seule souveraine dont il pût préparer le règne. Il aurait beau la renier, c'est l'enfant de sa chair et de son sang, mais un enfant qui, tout en gardant l'empreinte de ses traits, ne lui ressemble guère. Fille indisciplinée, passionnée, remuante, impatiente de toute règle, présomptueuse et arrogante, elle est loin d'écouter docilement les froides leçons de son père; elle ne se fait pas scrupule d'être rebelle à ses maximes; elle est portée, en grandissant, à ne voir en lui qu'un mentor gênant. Une fois émancipée et investie de la souveraineté, la démocratie s'est presque partout montrée prompte à faire bon marché des solutions libérales, chaque fois qu'elle en croyait apercevoir de plus conformes à ses appétits ou à ses ambitions. Rien de plus simple. Les intérêts ou les penchants, qui avaient d'abord espéré tout gagner à la ruine du principe d'autorité, se sont plus ou moins insurgés contre le principe de liberté, dès qu'ils ne se sont plus flattés d'y trouver leur profit.

Par rapport au libéralisme, la démocratie peut être envisagée comme une force perturbatrice. Elle a été pour lui une cause de perversion ou de déformation ; elle l'a fait dévier de sa route ; elle en a simultanément outré et mutilé les doctrines ; elle en a altéré et dénaturé les résultats. Or, plus les États se sont engagés dans les voies du libéralisme, et plus la démocratie a pris chez eux d'ascendant, plus par là même les maximes du libéralisme théorique sont exposées à être corrompues et défigurées. Le libéralisme aboutissait en quelque sorte à s'user ou à s'affaiblir par ses victoires, à se fausser, à s'altérer, en grandissant, sous l'action dissolvante des forces populaires, qu'il mettait fatalement en jeu.

Cette évolution, cette espèce de perversion s'est fait sentir dans tous les domaines où le libéralisme a prétendu appliquer ses principes, dans les questions politiques, dans les questions économiques et sociales, non moins que dans les questions religieuses. Partout le libéralisme s'est heurté aux mêmes écueils, aux mêmes prétentions et exigences de la démocratie. Dans chacune de ces sphères si diverses, dans l'administration intérieure des États, dans les rapports sociaux et les rivalités de classes, jusque dans les relations des peuples entre eux, aussi bien que dans les luttes confessionnelles, il serait aisé de constater, après les mêmes espérances et la même foi dans la liberté, les mêmes déceptions, les mêmes doutes, le même désenchantement et souvent les mêmes contradictions, les mêmes volte-face.

Les querelles religieuses ont beau avoir longtemps déchiré l'humanité ; elles ont beau avoir engendré des guerres civiles et des guerres internationales, les questions de religion semblaient de celles que l'esprit moderne pouvait, sans trop de présomption, se promettre de résoudre politiquement à l'aide de ses maximes favorites. Pour amener les diverses religions et confessions à vivre en paix côte à côte, ne devait-il pas suffire de les admettre toutes à une égale liberté ? Telle était la théorie, et, si elle n'a point partout réussi, c'est, pourrait-on dire, qu'elle est loin d'avoir été partout sincèrement pratiquée. Si, à cet égard, les espérances du libéralisme n'ont pas encore été réalisées sur le continent comme en Angleterre ou en Amérique, les deux pays les plus épris de controverses religieuses, n'est-ce pas en grande partie que, sur le continent, le libéralisme s'est souvent montré infidèle à son propre principe, ou, ce qui revient au même, qu'il l'a outré en passant de la neutralité entre tous les cultes à l'aversion pour certains d'entre eux, voire à l'hostilité pour la religion même?

Les luttes religieuses du passé ayant été provoquées par l'intolérance des sectes ou par l'ingérence de l'État dans leurs disputes, on semblait en droit de croire que, pour enlever à ces querelles tout caractère politique, il n'y avait qu'à en désintéresser l'État, qu'à dénouer les liens qui unissaient le pouvoir civil aux diverses Églises, qu'à faire cesser l'ancienne solidarité du temporel et du spirituel en proclamant le gouvernement incompétent en matière religieuse. C'est ce qu'ont fait successivement, avec plus ou moins de décision, la plupart des États contemporains. En aucun domaine, le courant des idées modernes ne s'est manifesté avec plus de force et

a.

d'unité. S'il reste encore des religions d'État, elles n'ont plus les mêmes priviléges qu'autrefois. Les Églises ont perdu leur ancien monopole ; aucun clergé, sauf pour quelques cas en Russie et en Espagne, ne demeure à l'abri de la concurrence ; aucun ne peut compter sur l'appui du bras séculier. Des Pyrénées aux Carpathes, il y a une tendance générale à la sécularisation ou, comme on dit chez nous, à la laïcisation de l'État et de la société.

Par malheur, si, en théorie, il est facile à l'État de se désintéresser des affaires religieuses, les faits ont prouvé que cela ne l'était pas autant dans la pratique. L'État laïque, l'État neutre ou, comme disent ses adversaires, l'État athée, provoque d'abord l'opposition de tous ceux qui prétendent que la religion doit continuer à inspirer les gouvernements; mais, contrairement à toutes les prévisions, ce n'est pas là le seul obstacle à l'accomplissement des rêves de pacification religieuse. Heureux les pays où le nouveau dogme de l'incompétence de l'État en matière de foi ne rencontre pas d'autres résistances que le zèle des croyants et les prétentions des divers clergés ! En mainte

contrée, il a fallu compter avec une intolérance d'une nouvelle sorte, avec le fanatisme
inattendu des incrédules qui, sous le couvert
de la libre-pensée, poursuivent la destruction
de toute religion. A ceux-là l'incompétence,
la neutralité de l'État ne suffisent point. L'autorité publique, dont les religions ont si
longtemps usé à leur profit, ils l'exploiteraient
volontiers à leur tour contre les doctrines
religieuses; n'osent-ils le faire ouvertement,
ils le tentent par des voies détournées, em-
ployant les influences gouvernementales à la
ruine ou à l'affaiblissement des cultes qu'ils
ont en aversion, retournant hypocritement le
mot de liberté contre la première de toutes
les libertés, celle de la conscience.

L'État, ainsi poussé en sens contraire par
les partisans et les adversaires de la religion,
a éprouvé une difficulté croissante à demeurer enfermé dans ce désintéressement théorique, dans cette sereine neutralité du haut
de laquelle il devait planer au-dessus de toutes
les querelles théologiques. A la séparation,
presque partout effectuée, de la vie religieuse
et de la vie civile, on prétend en vain substi-

tuer la séparation de l'Église et de l'État. La séparation ne supprimerait pas tout contact, elle ne trancherait pas toutes les difficultés. Alors même qu'entre l'État et les différents cultes il n'y aurait plus de rapports officiels, l'État ne saurait ignorer la religion, ignorer la constitution et le fonctionnement des diverses Églises, le recrutement de leur clergé, les assemblées des fidèles, la police de leurs temples, l'origine, l'emploi, la transmission de leurs biens, — autant de matières délicates sur lesquelles il ne peut toujours s'interdire d'édicter des lois ou des règlements. Aussi, pour ceux qui la réclament avec le plus d'insistance, la séparation absolue de l'État et des Églises n'est qu'un moyen détourné d'enlever à ces dernières toute existence légale, de les priver de leurs organes essentiels, de les frustrer de leurs ressources matérielles, de leur rendre, en un mot, la vie impossible.

La sécularisation, ou mieux la laïcisation, telle que la comprennent ou la pratiquent certains partis, ne tend à rien moins qu'à étouffer sourdement la religion en l'enfermant dans un cercle de plus en plus étroit, en lui interdisant tout mouvement, en lui retranchant les aliments qui la sustentent, en bouchant toutes les ouvertures par où elle peut respirer. Laïcisation finit par devenir synonyme de déchristianisation. Aux anciennes religions d'État menace de succéder l'irréligion d'État. Sans aller jusqu'à de pareilles extrémités, et tout en les réprouvant avec une indignation sincère, le libéralisme, emporté par l'ardeur de la lutte contre les résistances du passé, en vient parfois, pour briser ces résistances, à s'en prendre à leur principe, au clergé, à l'Église, à l'esprit religieux même, au risque d'aller à l'encontre de ses maximes les plus chères. On en arrive à se montrer intolérant au nom de la tolérance. On voit de prétendus libéraux mettre de côté la liberté pour la mieux sauver, et ce qu'on s'est permis aux heures de péril, dans l'inévitable entraînement de la bataille, on le maintient ensuite dans un intérêt de domination.

Ces inconséquences du libéralisme sont d'autant plus fréquentes et d'autant plus graves, qu'il cède davantage aux excitations de la démocratie. C'est là, en effet, une des sphères où la démocratie européenne agit sur les libertés modernes comme une force perturbatrice, où elle tend à mettre la puissance publique au service de ses instincts ou de ses passions. Se trouvant en guerre plus ou moins ouverte avec l'Église, elle est peu disposée à respecter la neutralité de l'État. Aussi le catholicisme est-il, en réalité, plus attaqué comme adversaire de la démocratie que comme ennemi de la liberté. Le fait mérite d'être noté d'autant que profondes et durables sont les causes de ce conflit. Il ne tient pas uniquement à l'espèce de duel engagé entre le néo-ultramontanisme et la Révolution qui, dans leurs outrances en sens contraire, sont comme la contre-partie l'un de l'autre. Entre la démocratie et le christianisme il y a une mutuelle défiance, une antipathie réciproque fondée sur des aspirations inverses, sur une manière opposée de concevoir la vie humaine. Non-seulement l'Église et la religion ont, aux yeux des démocrates, le tort de personnifier le principe d'autorité, mais en enseignant aux hommes que le but de leur existence n'est pas sur cette terre, le christianisme a, pour l'extrême démocratie, le défaut d'apprendre aux peuples à supporter les souffrances et les injustices de ce monde, et, par là même, de les détourner des novateurs qui leur promettent la félicité ici-bas avec le règne terrestre de l'égalité et de la justice. Aux yeux de la démocratie radicale, la religion est une rivale dont elle refuse de tolérer la concurrence. La Révolution ne prétend à rien moins qu'à remplacer les vieux cultes et à en tenir lieu. Aussi est-ce bien une guerre de religion, une guerre de doctrines qu'elle fait au christianisme, et cette guerre au christianisme, elle la poursuit avec les procédés tour à tour violents et hypocrites propres à toutes les luttes de ce genre.

Grâce à l'un des contre-courants si fréquents dans le monde moral, les attaques de la démocratie ont, en plus d'un pays, rendu à la religion et à l'Église la sympathie ou le respect des esprits, des classes, des pouvoirs qu'effrayent les prétentions et les envahissements de la démocratie. Considérée par les uns comme un joug pesant, par les autres comme un frein nécessaire, la religion, loin de disparaître des luttes de partis, y a pris une place de plus en plus large. Assaillie comme une barrière et défendue comme un rempart, elle est devenue, en plusieurs États, la position maîtresse et comme la clef des champs de bataille politiques. Cela est si vrai qu'en maintes contrées, chez tous les peuples catholiques notamment, on tend à classer les partis moins d'après leurs sentiments politiques que d'après leur attitude vis-à-vis de l'Église. On fait de ce qu'on appelle le cléricalisme la pierre de touche des opinions.

Cette propension, si contraire à l'esprit et aux espérances du vrai libéralisme, s'expliquerait mal si la sphère des intérêts religieux n'était beaucoup plus vaste qu'elle ne le semble au premier abord. Les préoccupations religieuses, on l'a vu maintes fois dans les dernières années, compliquent et passionnent bien des questions diverses. C'est dans le champ de l'enseignement surtout que les partis politiques sont exposés à des conflits avec l'Église ; c'est sur ce terrain glissant que l'État est le plus souvent poussé à entrer en lutte avec elle au nom de la raison, de la science ou de l'intérêt national. Oubliant son incompétence en matière de doctrines, il se laisse parfois entraîner à faire contre les idées religieuses ce qu'il a longtemps pratiqué à leur profit. Il se laisse investir du rôle et des fonctions de la religion ; il a ses dogmes philosophiques ou scientifiques qu'il fait prêcher au peuple, et jusqu'à ses catéchismes qu'enseigne une sorte de sacerdoce laïque. Il tend à s'arroger le droit qu'il dénie à l'Église, le droit de façonner les générations à sa ressemblance et de couler les âmes dans un moule de son choix, en sorte que si les prétentions de certains croyants nous ramèneraient au moyen âge, celles de certains démocrates nous feraient reculer jusqu'à cette espèce de communisme moral où l'enfant, regardé comme chose publique, était la propriété de la cité.

Quelle déconvenue pour les libéraux, qui avaient proclamé le principe de l'incompétence de l'État et qui en attendaient la pacification religieuse ! L'idée de liberté, faussée par les passions d'un fanatisme à rebours et les instincts autoritaires de la démocratie, semblait rayée du programme du libéralisme, qui, de déviation en déviation, finissait par aboutir à l'opposé de son point de départ, à la négation de son propre principe. Le nom même de libéralisme, conservé par les partis comme une enseigne, prenait souvent, dans la langue courante, un sens équivoque, si bien que la notion de liberté s'étant obscurcie ou dénaturée, libéral n'a plus toujours signifié ami de la liberté.

De pareilles infidélités à ses promesses ne pouvaient manquer de discréditer le libéralisme continental auprès des esprits déjà défiants de ses maximes. Les protestations des libéraux, demeurés fidèles à la liberté, n'ont point suffi à lui ramener les sympathies des âmes religieuses, avant tout préoccupées des intérêts moraux de l'humanité. Déjà suspect à certains croyants par ses doctrines, il l'est devenu davantage par la manière dont il les appliquait. Aux théologiens qui se plaisaient à mettre en opposition les prétentions du libéralisme et les enseignements traditionnels de l'Église, les inconséquences des libéraux ont apporté un argument inattendu.

Le nom même de liberté a ainsi été souvent déconsidéré par les partis qui en avaient fait leur mot de ralliement et qui, après l'avoir donné comme une promesse de paix, l'ont parfois changé en cri de guerre. Le libéralisme continental a par ses défaillances suscité des préventions qu'il ne dissipera qu'avec des années de sagesse et de patience. Un temps précieux pour l'éducation libérale de l'Europe, un demi-siècle et plus peut-être, a été perdu de cette façon par la faute de ceux qui aiment à s'intituler progressistes. Au milieu du conflit des opinions et des doctrines qui se disputent la conduite de notre civilisation, le libéralisme ne saurait triompher que si les libéraux se montrent toujours conséquents avec leurs principes, et cela particulièrement dans la sphère religieuse, car, de toutes les libertés, la liberté de conscience est la plus susceptible comme la plus essentielle. Elle ressemble à ces fleurs qui se ferment et se flétrissent dès qu'on les touche.

Si manifestes, si coupables qu'aient été les contradictions du libéralisme (et l'on nous rendra cette justice que nous ne les avons pas dissimulées), si peu de foi que semblent souvent mériter les hommes qui en usurpent le nom, nous avons beau regarder autour de nous, nous ne découvrons point, pour les questions religieuses notamment, d'autres solutions que les solutions libérales. Le christianisme, le catholicisme en particulier ne saurait plus être libre que dans la liberté commune. Ce qui rend pour lui la liberté plus nécessaire, c'est précisément ce qui la rend plus difficile, l'avénement de la démocratie. Faut-il renoncer à la conquérir à la liberté, comme autrefois les barbares l'ont été au christianisme, la démocratie nous vaudra la tyrannie la plus jalouse, le despotisme le plus brutal qu'ait encore vu le monde. Si elle a déjà peine à respecter, peine à comprendre la liberté religieuse, la démocratie moderne, à l'inverse du Sicambre baptisé par saint Remi, ne se courbera jamais sous la domination d'aucune Église, d'aucun culte. La liberté pour tous ou la servitude pour tous, la servitude surtout pour l'Église, qui a le privilége de surexciter les défiances démocratiques, il n'y a, de notre temps, pas d'autre alternative pour la religion.

LES

CATHOLIQUES LIBÉRAUX

CHAPITRE PREMIER

Importance de la religion au point de vue politique ; son rôle
social. — Décadence religieuse, décadence morale, décadence politique. — Difficulté d'établir la liberté sans le sentiment religieux ; difficulté particulière aux pays où la religion semble en hostilité avec les institutions libres. — Im-
possibilité d'éluder ou de supprimer le problème. — Les
catholiques libéraux lui ont cherché la solution la plus simple.

Une des choses les plus pénibles qui puissent
assombrir la vie d'un enfant, c'est le spectacle
quotidien des discordes d'un père et d'une mère
qui tous deux lui semblent dignes de son affection
et que des divergences d'idées ou de goûts, pour
lui incompréhensibles, mettent devant lui, et
souvent à cause de lui, aux prises l'un avec
l'autre. L'enfant s'en attriste, et, pour peu qu'il
ait le cœur bien placé, il s'interdit de chercher

1

lequel a raison, il se défend de faire un choix entre eux, il refuse de prendre parti pour l'un contre l'autre. En entourant sa mère de ses caresses, l'adolescent ne se permet pas de condamner son père. Il cherche à se persuader qu'entre eux il n'y a que des malentendus passagers, qu'ils sont trop bons et trop nobles tous deux pour ne pas se comprendre et s'accorder un jour, et cette entente, il travaille timidement à la provoquer, il s'ingénie en secret à la rendre plus aisée, il se promet, en grandissant, d'en être le témoin et l'auteur.

Telle a été, souvent à leur insu, l'histoire de certains esprits de notre temps. Beaucoup ont, dès leur adolescence, souffert des dissentiments de la foi qui avait souri à leur berceau et du siècle dont ils avaient hérité les ardeurs et les ambitions. En face de cette sorte de divorce moral dont tant de jeunes âmes ont ressenti les amertumes, la plupart, après des luttes plus ou moins longues et plus ou moins cruelles, se sont résignés à faire un choix : les uns ensevelissant dans leurs pieux souvenirs, comme une morte aimée, la sereine foi de leur enfance ; les autres étouffant en eux, comme des démons malfaisants, les austères aspirations de la science et de la liberté.

Ce choix si souvent déchirant, quelques-uns, les plus heureux à coup sûr, le repoussent, n'en ayant pas le dur courage ou n'en reconnaissant pas l'odieuse nécessité. Ils ne veulent point séparer dans leur affection la mère de leurs âmes, la tendre et noble mère dont les leçons ont façonné leur cœur aux fortes et délicates vertus, et le père altier de leur intelligence, l'esprit moderne qui leur a inculqué le viril amour de la liberté et du progrès. Au lieu d'opter entre eux, ils se font un devoir de les rapprocher ; ils cherchent à les convaincre qu'ils ne se combattent que parce qu'ils se méconnaissent.

Ainsi ont fait, nous semble-t-il, dès la première moitié du siècle, les catholiques dits libéraux [1]. Enfants soumis de l'Église et fils de la France contemporaine, ils n'ont pas consenti à les isoler dans leur cœur. Se refusant à croire que l'amour de l'une exclût le respect et l'affection de l'autre,

---

[1] Le lecteur remarquera que, dans tout le cours de cette étude, nous nous sommes interdit l'expression, fréquemment employée par d'autres, de *catholicisme libéral*. C'est qu'à nos yeux, c'est là un terme à tout le moins impropre, qui a le tort de prêter à l'équivoque. Ainsi que nous le rappellerons plus loin, il n'y eut jamais là, en effet, de catholicisme d'un genre particulier. Jusque chez les plus hardis d'entre eux, le libéralisme de ces catholiques libéraux est toujours demeuré d'ordre politique, entièrement étranger à la sphère religieuse.

ils ont entrepris de mettre fin à une lutte dont les sociétés modernes ne leur semblaient pas moins souffrir que les jeunes âmes. Ils ont tenté de les réconcilier, de leur prouver qu'elles pouvaient, qu'elles devaient même s'aimer et s'entendre ; ils n'ont voulu se laisser décourager par aucune rebuffade. C'était là assurément une tâche qui n'avait rien de bas ni de banal, dont le succès, quelque illusoire qu'il pût sembler, était presque aussi désirable pour l'esprit que pour le cœur ; et ceux qui, dans leur jeunesse, ont conçu cette haute ambition pouvaient, à travers toutes leurs déconvenues, se vanter d'avoir servi les vrais intérêts des deux causes qu'ils prétendaient rapprocher.

Pour tout homme pénétré des difficultés politiques et sociales de notre temps, il est oiseux de démontrer l'importance d'une pareille entreprise. Le christianisme, sous sa forme la plus ancienne, l'Église qui compte encore le plus de croyants, sont-ils ou non compatibles avec la liberté et la société nouvelle ? C'est là sans conteste une grande question, l'une des grosses questions de notre âge qui en compte tant, et bien que, des deux parts, l'esprit d'intolérance se flatte de l'avoir tranchée à son profit, il est aisé de prévoir qu'elle agitera non moins le vingtième siècle que le dix-neuvième. Durant des générations encore, elle sera bruyamment remuée par les passions politiques ou religieuses, qui, en raison même de leur parti pris, sont incapables de la résoudre.

Est-ce, ainsi qu'affectent de le dire des esprits prévenus ou aveugles, la religion, l'Église catholique qui seule y est intéressée? Nullement, c'est, à un degré au moins égal, la vie politique des peuples modernes, les libertés civiles, l'ordre social tout entier. Si la religion, en soulevant contre elle les aspirations des peuples, risque d'amoindrir d'année en année son ascendant sur les sociétés civilisées, une nation, un régime, un gouvernement ne s'exposent pas à de moindres périls en tournant contre eux, avec les habitudes et les traditions religieuses, les besoins les plus impérieux de l'âme humaine. Il n'est permis à personne de mettre aux prises impunément les plus nobles instincts de notre nature.

Selon un préjugé en vogue parmi nos contemporains, comme parmi leurs ancêtres du dix-huitième siècle, c'est là, nous le savons, une opinion surannée. On va répétant que la force des religions est épuisée et leur séve tarie. On s'imagine que l'humanité, enfin affranchie des superstitions de sa longue enfance, est arrivée au terme de sa phase religieuse, qu'elle est désormais entrée dans l'âge scientifique ou positif. On se persuade que, tout comme le poëte banni de la République de Platon, le christianisme, sorte de divine épopée de l'adolescence de notre civilisation, doit être à son tour reconduit en dehors des sociétés devenues adultes, et Dieu lui-même expulsé de la cité humaine avec ou sans « remercîments pour ses services provisoires ». Vues superficielles d'aveugles savants, ignorants de la nature humaine! Naïves et téméraires rêveries d'hommes oublieux de l'histoire et de l'impérissable vitalité des religions qui jamais ne sont mortes qu'en revivant sous d'autres formes!

Les philosophes du dix-huitième siècle ont cru le catholicisme, le christianisme même, expirant, et voici que, sur la fin du siècle suivant, le catholicisme se montre plus vivant, plus agissant, plus puissant qu'à la veille de la Révolution. Aguerri par les luttes passées, retrempé dans les épreuves qui l'ont toujours fortifié et tonifié, il est tout équipé pour les combats du siècle qui vient.

En certains pays, il est vrai, en France notamment, les masses populaires semblent en train de lui échapper; mais, par contre, il a, sous nos yeux, restauré son empire sur les classes élevées, celles mêmes qui naguère paraissaient l'avoir secoué à jamais. En outre, ce qu'il perd en surface, il le regagne en profondeur, par l'intensité de la foi, par la ferveur du zèle qu'il souffle à ses adeptes.

Bien présomptueux ceux qui entonnent d'avance ses funérailles sur les bords de la fosse qu'ils se vantent de lui creuser! Si malade, si débile qu'elle leur paraisse, la religion, dont ils annoncent la fin, n'est pas morte, et le semblerait-elle, qu'il est des morts qui ressuscitent. Mais supposons, avec eux, le christianisme vieilli atteint d'un mal incurable. Imaginons-le s'éteignant, devant nous, au sourd murmure des prières de femmes et d'enfants, agenouillés autour de sa couche funèbre et s'efforçant en vain de le ranimer. Quand nous aurions assisté à son dernier soupir et que, pour l'ensevelir, il n'eût eu que la main profane des poëtes, épris des mythes du passé, quel serait l'héritier de ce mort? Qui viendrait occuper sa place vide? Qui régnerait sur sa tombe? Seraient-ce bien, comme l'espèrent de naïfs penseurs, la civilisation, la science, la liberté, débarrassées d'une concurrence importune et d'un rival gênant?

On nous permettra d'en douter.

Et en effet, pour envisager la question dans

toute son étendue, un peuple, une société peuvent-ils, du faîte à la base, dans la variété des couches étagées qui les composent, se passer impunément de toute foi religieuse? et, s'ils parviennent à s'en dépouiller, si, ce que le monde civilisé n'a encore jamais vu à aucune époque de l'histoire, ils mettent entièrement de côté la religion, s'ils bannissent de l'éducation des générations futures Dieu, l'âme, les espérances immortelles, et toutes les fortes croyances que la plupart des hommes ne se transmettent que sous l'enveloppe traditionnelle des dogmes religieux, qui profitera de cette nouvelle évolution des sociétés civilisées, de cette sorte de désenchantement de l'humanité? Sera-ce la liberté ou sera-ce le despotisme? L'incertitude en pareille matière suffirait à troubler les hommes avant tout préoccupés de l'avenir des sociétés contemporaines.

Une chose à nos yeux incontestable, c'est que, si telle ou telle forme religieuse, si le catholicisme notamment, paraît opposer des obstacles à l'établissement de la liberté, les doctrines qui s'en disputent la succession, celles qui semblent du moins avoir le plus de chances d'en recueillir l'héritage parmi les foules, le matérialisme, l'athéisme, le naturalisme épicurien, plus ou moins déguisés sous le voile du positivisme, opposent des obstacles non moindres, sinon à l'établissement de la liberté, du moins à la solidité et à la durée des institutions libres.

Les politiques ou les philosophes qui se plaisent à faire ressortir ce qu'ils appellent l'incompatibilité du catholicisme et des libertés modernes oublient, pour la plupart, qu'entre la liberté et les systèmes dont la grossière simplicité sourit le plus au vulgaire, entre la liberté et le matérialisme, ou le déterminisme, il y a logiquement une incompatibilité autrement manifeste. Comment, en effet, comprendre la liberté sans le sentiment du droit, et ce dernier sans le sentiment du devoir? ou, en d'autres termes, que deviennent le droit, le devoir, la liberté sans le libre arbitre? Il y a là une contradiction formelle, une antinomie que l'inconséquence humaine peut ne pas toujours apercevoir, mais à laquelle l'inconséquence seule peut échapper.

Tout matérialisme, tout athéisme, tout déterminisme aboutit au fatalisme, et ce dernier, pour peu qu'il soit logique, n'a que faire de la liberté et du libéralisme. Comment défendre la liberté politique quand on supprime la liberté morale? Philosophe, historien, homme d'État, tout fataliste incline, malgré lui, à confondre le droit avec la puissance, ou à mesurer l'un sur l'autre; tout matérialiste tend à substituer le culte de la force au culte du droit, par suite, à justifier, soit en théorie, soit en fait, le despotisme, qui n'est que la souveraineté de la force [1].

Ce sont là des vérités aussi vieilles que la philosophie et la politique; mais, pour être devenues banales, elles ne s'en imposent pas moins aux méditations des hommes qui ne craignent pas de regarder les choses en face. En dehors des croyances que l'humanité s'est pieusement léguées d'âge en âge, l'établissement de la liberté demeurera toujours singulièrement laborieux, son règne manifestement précaire.

Il y en a deux raisons, qui se confondent ou se complètent, l'une intellectuelle et pour ainsi dire philosophique, nous venons de l'indiquer; — l'autre morale, pratique, d'une importance au moins égale; c'est qu'à la décadence du sentiment religieux correspond d'ordinaire la décadence des mœurs, et qu'un peuple sans mœurs, un peuple sans vertu, comme eût dit Montesquieu, est bien près de perdre la liberté.

Est-ce tout encore? Nullement. Le scepticisme

---

[1] C'est ce qu'a récemment rappelé un savant israélite, M. Adolphe Franck, professeur de droit naturel au Collège de France. Voyez le *Journal des Débats* du 4 janvier 1885.

gouailleur et l'irréligion grossière qui s'infiltrent dans les sociétés, n'affectent pas seulement les mœurs publiques et privées, en altérant la notion du droit et du devoir, ils compromettent, d'une manière plus directe encore, la société et la liberté, en ébranlant la paix et la stabilité sociales.

Jusqu'ici, en effet, la religion, ou mieux le sentiment religieux, a, comme son nom l'indique, été le grand lien des sociétés humaines, la meilleure garantie de l'ordre et du repos des États. C'est lui qui a, durant des siècles, aidé les peuples à supporter les inégalités inhérentes à la nature et à la civilisation. Une fois l'espoir en une vie meilleure disparu et l'œil de l'homme borné aux horizons terrestres, une fois le ciel voilé aux yeux des masses et Dieu évanoui des âmes, la terre, avec les jouissances présentes et les biens matériels, devient le but unique de l'existence humaine, et chacun en réclame sa part. Le vague paradis qu'elle n'entrevoit plus par delà l'éther étoilé, l'humanité souffrante, l'humanité incapable d'abdiquer les vastes espérances, est invinciblement portée à le chercher en ce bas monde, autour d'elle et en elle-même. Abandonnant ses vieux rêves de cité céleste, elle place son idéal de bonheur, de justice, d'égalité sur le sol qu'elle foule. Heureuse descente du ciel en terre, dira-t-on; heureuse substitution des réalités vivantes aux mystiques chimères! Quoi de plus désirable, pour son progrès, que de voir l'humanité ramener ses ambitions idéales des sphères inaccessibles à l'humble planète qu'elle habite?

Hélas! si l'individu a le droit et la société le devoir de poursuivre partout sur ce globe obscur le bien, le mieux, la perfection même, quand notre main y semble pouvoir atteindre; si, en dehors de quelque ascète attardé, nul ne saurait regretter que les radieuses perspectives de l'immortalité ne fassent pas perdre à l'homme le souci du progrès de ce monde, il n'est pas bon pour un peuple, il n'est pas bon pour l'individu à l'existence éphémère, d'enfermer toutes ses espérances dans l'étroit cercle des jouissances terrestres, car alors il exige trop de la terre, de la vie, de la société, et, pour leur arracher sa part de bonheur, il est trop souvent porté à leur faire violence. Ce qui de loin semblait uniquement un principe de progrès peut ainsi devenir une cause nouvelle de perturbation et d'inquiétude, un ferment de guerre et de désordre, un principe de déception et de colère. Pour que les prétentions superbes de l'idéalisme humanitaire pussent se donner carrière, il faudrait qu'il fût possible à l'homme de satisfaire en ce monde sublunaire son besoin de perfection, de bonheur, de justice, et comme, malgré toute sa science et en dépit de toutes ses conquêtes, il ne le pourra jamais, les générations sceptiques, en se leurrant de ce rêve, se condamnent à une agitation sans fin, à des luttes cruelles et à d'irritantes désillusions.

Nous n'exagérons point. Le peuple qui n'attend plus rien du ciel tombe presque fatalement dans une sorte de millénarisme qui, pour faire fi du surnaturel, pour être réaliste et matériel, n'en est ni moins naïf, ni moins chimérique, ni moins décevant. La Jérusalem divine, la cité d'or aux murailles de jaspe et aux portes de perles, que d'autres espéraient voir descendre des nuées, il prétend la fonder sur la terre par la multiplication indéfinie et l'égale répartition des biens de ce monde. Hanté de ce rêve qui répond à la fois aux instincts les plus nobles et aux appétits les plus bas de la nature humaine, il poursuit follement le vain mirage d'une félicité terrestre également accessible à tous, et, comme il ne peut ni l'atteindre ni l'abandonner, il s'emploie avec une sorte de ferveur religieuse à la réalisation de sa chimère, s'en prenant avec un zèle fanatique à tout ce qui lui paraît y faire obstacle,

État, gouvernement, famille, propriété, décidé à tout renverser pour y parvenir.

Ce millénarisme, le plus dangereux qu'ait encore connu l'humanité, c'est ce qu'on est convenu d'appeler le socialisme. Pour évangile il a la révolution érigée en dogme; pour méthode il a l'anarchie et la destruction, car avant de bâtir la société nouvelle, il faut commencer par raser l'ancienne. Le socialisme, ou d'une manière plus générale, l'esprit révolutionnaire, dans ce qu'il a de plus âpre, de plus outré, de plus utopiste, de plus sectaire, est ainsi le fils de l'incroyance religieuse. Le vide que laisse chez les masses populaires la disparition de la religion et de la notion du divin, c'est lui qui le remplit. Faut-il chercher lequel est le plus sûr pour l'État, pour la société, pour la liberté?

Et cependant, il est malaisé de s'aveugler à ce sujet. Les hommes qui travaillent à déchristianiser le peuple le forment à la révolution et le dressent au socialisme. Le libéralisme, assez inconséquent pour s'attaquer au principe religieux, prépare sa propre ruine au profit de son plus redoutable adversaire, le radicalisme socialiste. Entre le socialisme et la religion, entre les convoitises révolutionnaires et les espérances d'outre-tombe, il n'y a, pour des millions de créatures humaines, pas de milieu. Il leur faut la terre ou le ciel, les joies de ce monde ou les consolations de l'autre. Aussi y a-t-il entre les questions religieuses et les questions sociales une corrélation qui éclate aux yeux les moins ouverts; et cette connexité deviendra plus visible à chaque génération.

Si, aujourd'hui déjà, les sophismes des socialistes sont si profondément enracinés chez les classes ouvrières de l'Europe, c'est en grande partie qu'elles ont perdu toute foi religieuse. Frustrées du ciel et des espérances supraterrestres, elles poursuivent l'unique compensation qu'elles puissent découvrir. Le socialisme révolutionnaire a pris chez elles la place de la religion, et plus s'affaiblit l'empire de cette dernière, plus cet héritier importun prend d'ascendant. Il n'y a pas à se le dissimuler, c'est là un fait d'expérience non moins qu'une vérité d'induction. Le sentiment religieux disparu, l'ordre social n'a vis-à-vis des appétits déchaînés d'autre garantie que la force. Les luttes de classes deviennent fatales, et dans de pareilles luttes, lorsque la civilisation, lorsque la fortune et la vie sont en jeu, quel est le sort de la liberté? Comment garderait-elle tout son prix et saurait-elle se faire respecter? Tout État, dit Rivarol, est un vaisseau dont les ancres sont au ciel. Cela est avant tout vrai de la société; que ses ancres d'en haut soient rompues, et la voilà ballottée sur le flot des convoitises, qui va à la dérive au vent des passions.

« Il faut, disait un des plus sagaces observateurs de notre siècle, il faut qu'un peuple croie ou qu'il serve. » L'alternative, ainsi formulée par Tocqueville, a beau sembler trop rigoureuse, l'expérience et la méditation ne fournissent que trop d'arguments en faveur de ce terrible dilemme. Quelque opinion qu'on ait de la religion et de telle ou telle forme religieuse, la liberté stable et ordonnée sera toujours plus malaisée là où le respect du droit d'autrui et le respect de l'autorité sociale, où le sentiment de la justice et le sentiment du devoir n'auront pas au fond de l'âme d'invisibles racines dans le sentiment religieux. Frêle et vacillante sera partout la liberté qui ne repose pas sur la plus solide des notions morales, la responsabilité de la conscience en face de Dieu.

Remontez le cours sinueux de l'histoire jusqu'aux sources lointaines des sociétés civilisées, la décadence morale a partout entraîné la décadence politique, avec la chute de la liberté, et partout jusqu'ici l'affaiblissement du sentiment religieux, le scepticisme, l'athéisme, l'épicurisme, ont entraîné la décadence morale. Des anciens aux modernes, les hommes qui ont prétendu donner à leurs semblables des institutions libres ont été les premiers à le comprendre. Sur ce point, Rousseau et Robespierre eux-mêmes n'ont pas pensé autrement que Platon et Cicéron, que Fénelon ou Guillaume Penn. A la liberté politique, à l'ordre social, tous ont voulu donner pour fondement Dieu et le sentiment de la responsabilité devant Dieu. Si beaucoup ont été déçus dans leurs calculs, c'est en oubliant qu'en dehors des vases mystérieux où les garde la religion depuis des siècles, l'idée de la Divinité et l'idée de l'âme immortelle risquent de s'évaporer en vaine fumée.

Comment ne pas le sentir en effet? Si la morale sans sanction divine ne perd pas tout fondement rationnel, elle perd pour le plus grand nombre toute vertu pratique. Dépouillée de ce qui en faisait l'autorité et l'ascendant sur l'immense majorité des êtres humains, elle n'a plus de prise sur la plupart des âmes. Peu importe, à cet égard, que les philosophes la sauvent de la ruine des temples qui l'abritaient, peu importe qu'ils édifient scientifiquement une morale indépendante de tout dogme, peu importe même qu'ils lui assurent des fondements aussi solides que ceux de la vieille morale religieuse, ou qu'ils la douent d'une pureté et d'une hauteur égales, dès lors que cette morale spéculative, cette morale sans Dieu, quelles qu'en soient la valeur théorique et la beauté idéale, a perdu la meilleure part de son empire sur le cœur et la volonté des hommes.

Bien plus, avons-nous le courage d'être sincères avec nous-mêmes, notre intelligence ne recule-t-elle pas devant un aveu qui coûte à son orgueil, nous sommes contraints de reconnaître que, pour un grand nombre de créatures humaines de tout âge et de tout sexe, ou mieux, pour la plupart des êtres de chair et de sang qui forment notre espèce, la haute notion de la Divinité ne suffit pas à conserver à la morale toute son efficacité pratique : il y faut de plus des rites, des observances qui en rappellent le souvenir et en alimentent la foi, c'est-à-dire des exercices, des actes religieux.

On ne saurait donc s'étonner que des hommes dégagés de tout esprit de secte, parfois même personnellement assaillis des brouillards du scepticisme, ne dissimulent pas leurs inquiétudes en voyant un matérialisme grossier saper, autour d'eux, ce sentiment religieux qui jusqu'ici est partout demeuré le plus ferme rempart de la moralité. On ne saurait s'étonner de la tristesse des libéraux, plus préoccupés des intérêts permanents de la liberté que des avantages passagers de leur parti, en entendant certains de leurs amis dénoncer et poursuivre, au nom des libertés publiques, ces croyances religieuses sans lesquelles la liberté paraît privée de sa plus sûre sauvegarde. On ne saurait surtout être surpris de l'anxiété des penseurs et des hommes d'État, dans les pays où, par ses alliances, par ses traditions, ou par ses maximes, c'est la religion elle-même qui semble manquer à la liberté et à la civilisation ; où le culte le plus répandu dans la nation, celui auquel était échue la mission de garder la moralité du peuple, se déclare hostile aux institutions libres, et se montre l'ennemi du progrès moderne.

Telle paraît, on ne saurait le nier, la situation de la plupart des pays catholiques romains.

Chez eux la religion et la liberté ont l'air d'avoir divorcé, et les destinées de la civilisation néo-latine menacent d'en être pour longtemps compromises. Disputées entre une religion dont les ministres réprouvent les libertés modernes et un libéralisme sectaire qui combat des croyances sans lesquelles le règne de la liberté ne saurait durer, les nations occidentales, ainsi doublement dévoyées, semblent n'avoir que le choix de la route qui mène à la servitude.

Un fait incontestable, que ni libéral ni catholique ne saurait perdre de vue, c'est que l'établissement de la liberté politique s'est jusqu'ici heurté dans les pays catholiques à des difficultés, à des obstacles particuliers; c'est que les révolutions y ont été en même temps plus fréquentes et plus stériles. Un fait non moins certain, c'est que les défiances réciproques, pour ne pas dire l'antipathie mutuelle, de la religion et du libéralisme n'y ont pas été étrangères.

« Il s'agit de savoir, écrivait récemment un des penseurs les plus indépendants et les plus hardis de notre époque, M. Émile de Laveleye, il s'agit de savoir si un peuple catholique peut établir et conserver, d'une façon stable et durable, les institutions libres empruntées aux nations protestantes, Angleterre, États-Unis, Hollande [1]. »

Le problème ainsi posé, le publiciste belge le tranche par la négative, et, ne voulant pas sacrifier la liberté à la religion, ni la religion à la liberté, parce qu'il les sent nécessaires l'une à l'autre, il ne voit de salut, pour les peuples néolatins, que dans un changement de religion. Suivant une des idées favorites d'Edgar Quinet, un

---

[1] Émile DE LAVELEYE, *la Crise récente en Belgique et la question religieuse : Revue chrétienne,* janvier 1885.

des hommes du siècle qui ont le mieux compris l'importance sociale du christianisme, tout en demeurant des adversaires irréconciliables du catholicisme, M. Émile de Laveleye conseille à la France, à la Belgique, à l'Italie, d'échanger la foi de Rome contre celle de Luther ou de Calvin. Convaincu que les réformes politiques ont besoin d'être appuyées sur une réforme religieuse, il engage les libéraux, soucieux de l'avenir de leur patrie, à accomplir, chacun dans sa famille, cette révolution, la seule propre, selon lui, à concilier les droits de la liberté avec les intérêts de la religion, en les mettant à jamais d'accord.

On ne saurait être plus logique. Dès lors qu'on est convaincu de l'irrémédiable incompatibilité du catholicisme avec le libéralisme, il ne reste qu'à faire un choix entre eux; et, si l'on demeure persuadé que la liberté politique peut difficilement se passer d'un frein religieux, il n'y a qu'à modifier la religion. Aussi ne saurions-nous être surpris, ni des conclusions de M. de Laveleye, ni de la grave résolution des hommes qui, en France, en Belgique, en Italie, ont suivi ou devancé ses conseils.

Reste à savoir si un pareil procédé est aussi pratique que logique. Quand, suivant la thèse de

Quinet, reprise par M. de Laveleye, la supériorité du protestantisme, au point de vue politique et libéral, serait pleinement démontrée ; quand on serait, avec eux, en droit de regretter que la France et les anciens Pays-Bas espagnols n'aient pas, au seizième siècle ou à la Révolution, imité l'Angleterre ou la Suède et adopté les doctrines de la Réforme, le fait déploré par Quinet et ses émules n'en subsisterait pas moins. Ni la France, ni la Belgique, ni l'Italie, ne sont protestantes. Les regrets des historiens ou les considérations des philosophes ne sauraient les empêcher d'être demeurées en grande majorité catholiques, et, quelque avantage qu'on puisse leur promettre de leur passage au protestantisme, rien n'autorise à les croire disposées à une telle évolution.

Les conseils plus ou moins bien motivés de tel ou tel publiciste ne feront point ce que n'ont pu achever, à l'âge le plus favorable à la Réforme, l'épée de Coligny et l'éloquence de Théodore de Bèze ou de Marnix de Sainte-Aldegonde. Si grand que puisse être le nombre des individus prêts à se rendre aux avertissements des Quinet ou des Laveleye, ce ne sera jamais qu'une minorité. Les peuples néo-latins n'effectueront pas en masse, à la fin du dix-neuvième siècle, l'espèce d'exode religieux auquel ils n'ont pu se

résoudre à l'époque des grandes révolutions spirituelles. Bien plus, dans le milieu même que ses
antipathies pour la foi romaine préparent le mieux
à les recevoir, de pareils avis entraîneront moins
de conversions que ne le ferait supposer la
logique. La démocratie radicale, aujourd'hui la
plus fière ennemie du catholicisme, ne s'emploie
pas à déraciner les doctrines romaines pour leur
substituer un autre rejeton du christianisme. Les
coups dirigés par le radicalisme incrédule contre
l'Église de Rome portent au delà de Rome; ils
visent tout le christianisme et la religion même,
considérée comme un joug, parce qu'elle est une
règle.

Si le peuple de nos villes et de nos campagnes
se décide à renoncer définitivement aux majes-
tueuses cérémonies catholiques, s'il en vient peu
à peu à repousser la bénédiction du prêtre du
berceau de l'enfant et du lit des agonisants, s'il
interdit à ses filles la robe blanche des premières
communiantes, si ses oreilles prennent en dégoût
la mystérieuse psalmodie latine et ses yeux l'éclat
des autels éblouissants de cierges et de fleurs,
quand ses pieds quitteraient à jamais les dalles
des églises embaumées d'encens, ce ne sera pas
pour prendre place dans les bancs bien rangés
des mornes temples de la Réforme. Si, parmi les

masses déchristianisées, quelque ombre de religion a chance de succéder aux pompes démodées du catholicisme, c'est l'humanitarisme, fastueuse idolâtrie de l'homme se déifiant lui-même ; ce sont les rites puérils et les vides cérémonies de la libre-pensée, érigée en secte laïque, sorte de culte sans Dieu ni foi, qui, afin de tromper l'appétit religieux de la nature humaine, s'efforcera de suppléer pour les sens aux formes extérieures de la religion sans rien garder de sa vertu morale, sans apporter aux âmes ni force pour les faiblesses, ni baume pour les souffrances, ni viatique pour la traversée de la vie.

L'abandon du catholicisme pour le protestantisme n'est donc pas une solution, ou, si c'en est une, elle est à la portée des individus, des familles isolées, et non des nations. Pour la France, l'Espagne, l'Italie, la religion, c'est le catholicisme. Si le peuple y achève de perdre ce qui lui reste de foi, ce n'est point pour lui en substituer une autre plus conforme aux leçons des philosophes ou aux besoins des politiques. L'artisan flamand et le marin breton, tout comme le berger castillan et le montagnard calabrais, ne connaissent pas d'autre culte ; bien plus, par suite d'habitudes nationales, de penchants héréditaires ou de secrètes affinités de tempérament, ils n'en goûtent généralement pas d'autre. Si, pour rapprocher chez eux la religion et la liberté, on attend leur conversion au protestantisme, on risque de voir, pendant de longues générations encore, les peuples les mieux doués peut-être de l'Occident en lutte contre nature avec leur propre culte, au double détriment de la religion et de la société civile. Être catholique ou n'être rien, tel est le dilemme pour les masses, dans une bonne moitié de l'Europe. Quant aux classes élevées, le bourgeois d'Anvers, de Rouen ou de Milan, au lieu d'abjurer la foi de son enfance, préférera longtemps encore vivre en sceptique et en épicurien, pour se faire enterrer en catholique. C'est ainsi, avec le catholicisme, que doivent compter chez nous, et ceux qui croient à la vertu sociale du sentiment religieux, et ceux qui croient à son indestructibilité. C'est avec le catholicisme que doivent vivre les libéraux et les libertés modernes. Le problème ne peut ni être tourné, ni être supprimé. Il reste entier, tout comme au début du siècle.

Ce problème, les catholiques libéraux ont eu au moins un mérite, celui de n'avoir pas craint de l'aborder de front. Ils l'ont fait d'ordinaire, il est vrai, plutôt en croyants qu'en citoyens, l'envisageant du côté religieux plus que du côté politique ; mais cela même donne à leur tentative plus d'intérêt et plus d'autorité pour nous. Ils ont pris les faits, tels qu'ils se présentaient à eux, l'Église et le catholicisme d'une part, la société civile et les libertés modernes de l'autre. Au lieu de supprimer l'un des deux termes, ce qui en réalité n'est au pouvoir de personne, ils se sont ingéniés à les concilier. Entre les libéraux, se croyant contraints, pour sauver la liberté, de faire la guerre à la religion, et les catholiques s'imaginant que le salut de l'Église exigeait la destruction de la société moderne, ils se sont jetés, en messagers de paix, invitant les deux adversaires à déposer les armes, annonçant aux combattants des deux camps opposés que rien ne les condamnait à des hostilités sans fin.

L'entreprise peut paraître chimérique ; elle n'en méritait pas moins d'être tentée, car ce serait encore la solution la plus simple, pour ne pas dire l'unique solution pratique, d'une question autrement insoluble. Aussi, quelque opinion qu'on garde sur la méthode et les procédés des hommes assez courageux ou assez ingénus pour n'avoir pas reculé devant une pareille tâche, si incrédule ou défiant que vous laissent leurs espérances, il nous semble malaisé de ne pas ressentir de respectueux intérêt pour leur initiative.

Quant à nous, il ne nous en coûte pas de l'avouer, il nous est d'autant plus difficile de nous défendre de toute sympathie pour leurs efforts et leurs souffrances, que, chez la plupart d'entre eux, la grandeur de l'entreprise a été constamment relevée par la générosité du caractère et la dignité de la vie.

CHAPITRE II

Le catholicisme est-il absolument incompatible avec les libertés modernes ? — La question ne saurait être tranchée à l'aide de textes et d'autorités. — L'Église romaine n'a pas été la seule opposée à la liberté de penser et à la liberté des cultes. — Longue intolérance des diverses confessions protestantes. — Filiation de la liberté politique et de la liberté religieuse ; cette dernière est historiquement la plus récente. — Comment les sectes protestantes y ont acquiescé. — Raisons qui, en dehors même de son principe, ont empêché l'Église romaine de se faire aussi vite aux libertés modernes.

On se rappelle les premiers promoteurs, les plus illustres champions de cette réconciliation entre l'antique Église et l'orgueilleuse société moderne. Jamais, à aucune époque, cause plus noble ne fut défendue par de plus nobles esprits : les Montalembert, les Lacordaire, les Dupanloup, les Ozanam, les Gratry, les Cochin, pour ne parler que des morts, hommes dont, éloge rare, la vie fut d'accord avec les doctrines et que l'âge mûr trouva fidèles aux rêves de la jeunesse ; orateurs ou écrivains dont, mérite peut-être plus rare encore, le caractère demeura supérieur au talent et l'âme aux œuvres. Que d'ardeur, que d'enthousiasme, que de généreuses illusions ! et aussi, d'un bout à l'autre de leur route, que de déboires, que de publics mécomptes et de secrètes tristesses ! Déceptions presque égales des deux côtés entre lesquels ils cherchaient un rapprochement ; déceptions de la part des nombreux catholiques qui les renient, qui leur reprochent comme une trahison leurs avances à l'esprit du siècle, qui, les accusant de « vouloir combler l'abîme entre la vérité et l'erreur », ne leur épargnent ni insulte ni soupçon, et mettent tout en œuvre pour les faire réprouver de cette Église dont ils n'ont d'autre ambition que de servir la cause. Déceptions non moindres et non moins cuisantes du côté des libéraux et des défenseurs attitrés de la société moderne, qui, eux aussi, se font souvent un devoir de les répudier, qui, non contents de repousser leur concours, mettent en doute leur bonne foi, les taxent d'hypocrites manœuvres, allant jusqu'à les dénoncer comme les pires ennemis de la société moderne et leur dénier le droit de prononcer le nom de liberté.

En faut-il croire ces désaveux partis des deux camps opposés? Les hommes qui se flattaient de réunir la religion et la liberté étaient-ils victimes

2.

d'une incurable illusion, jouet des trompeurs mirages d'un cœur altéré et d'une imagination lasse? Entre le catholicisme et les idées modernes y a-t-il un gouffre si profond que rien ne le puisse remplir? L'Église du Christ et la société issue de 1789 sont-elles fatalement vouées à une guerre sans fin, et l'antagonisme entre elles est-il si naturel que tout rêve de paix doive leur sembler à toutes deux chimère ou duperie?

Cette question, que la présomption de l'esprit de parti a coutume de trancher si lestement, est trop complexe pour que nous prétendions la débattre à fond, et trop importante pour que nous songions à l'esquiver. Nous pourrons, du reste, y revenir plus tard. Ce qui nous intéresse surtout ici, c'est la manière dont elle se présente aux chrétiens, aux croyants désireux d'être à la fois de leur Église et de leur temps, de rester citoyens sans cesser d'être catholiques.

Et d'abord, avant d'entrer dans le vif de la question, on nous permettra une remarque en quelque sorte préjudicielle. Parmi les catholiques comme parmi les incrédules qui, pour des raisons contraires, soutiennent l'incompatibilité absolue de l'Église romaine et des libertés modernes, il est un mode de démonstration fort en vogue, que beaucoup considèrent comme irréfutable, mais que, pour notre part, nous ne saurions regarder comme suffisant. C'est la démonstration à l'aide de textes et d'exemples empruntés à toutes les époques de l'histoire et à toutes les autorités ecclésiastiques, évêques, docteurs, papes, conciles. Exemples et textes, à condition bien entendu d'être authentiques, ont une réelle importance, mais non toujours une valeur décisive. Exemples et textes prouvent pour l'époque à laquelle ils appartiennent, mais beaucoup moins pour les autres. Ils prouveraient pour le passé, qu'ils ne prouveraient pas nécessairement pour l'avenir; ils prouveraient pour la théorie, qu'ils ne prouveraient pas absolument pour la pratique. Une religion, en effet, comme toute chose vivante, se fait pratiquement au milieu où elle vit, alors même qu'en principe elle s'impose de demeurer immuable. Aussi la question de la compatibilité du catholicisme et de la liberté moderne n'est-elle pas, à notre sens, de celles qui se peuvent trancher à coup de textes et de citations. C'est là, en pareil cas, une méthode plus spécieuse que sérieuse.

Rien de plus facile, aux adversaires de tout rapprochement entre l'Église et la société moderne, que d'étayer leur thèse d'un amas de textes, extraits des écrits des docteurs, des canons des conciles, des décrets des papes. Pour établir l'opposition traditionnelle de la hiérarchie catholique, sinon à toutes les libertés (ce qui serait malaisé), du moins à certaines d'entre elles, et non des moindres à nos yeux, — à la liberté des cultes, à la liberté de penser, à la liberté de la presse, trois choses qui se tiennent, — croyants ou incrédules n'ont, en vérité, que l'embarras du choix. Mais quand les textes ainsi accumulés ne seraient susceptibles d'aucune interprétation, quand les anathèmes lancés à ce que nous appelons la liberté de conscience seraient aussi catégoriques qu'authentiques, une chose, je l'avoue, en diminuerait singulièrement, à notre sens, non la valeur doctrinale, mais, ce qui nous importe davantage, la valeur pratique : c'est que, avec un peu de patience, on pourrait collectionner des sentences fort analogues, des jugements non moins catégoriques et non moins hostiles à la liberté religieuse, chez les sectes réputées à tort ou à raison les plus respectueuses des droits de la conscience, jusque chez les confessions qu'on affecte parfois de considérer comme les mères ou les nourrices des libertés politiques.

On oublie trop que l'Église romaine est loin d'avoir eu le monopole de l'intolérance. On ne se rappelle pas assez que le clergé catholique n'est point le seul qui ait prétendu modeler la société à son image et subordonner l'ordre civil à l'ordre religieux. S'il fallait déclarer incompatibles avec la civilisation moderne toutes les Églises qui ont repoussé la liberté des cultes et la tolérance de l'erreur, ce n'est pas le seul catholicisme romain qui serait à proscrire, mais bien l'orthodoxie orientale, et l'anglicanisme épiscopal, et le protestantisme dans l'inépuisable fécondité de ses sectes ; ce serait, en somme, tout le christianisme, pour ne pas dire toute religion. A ce compte, les seuls libéraux logiques seraient les hommes qui repoussent tout culte.

Quelles sont en effet les sectes ayant quelques siècles d'existence qui n'ont pas autorisé, que dis-je ? qui n'ont pas ordonné la poursuite de l'hérésie et du blasphème ? S'il en est quelques-unes, ce sont de celles qui n'ont jamais commandé nulle part. Les autres ont, durant des générations, fait de la persécution le premier des devoirs, érigeant à l'envi l'intolérance en précepte. Pour allumer le bûcher, ou dresser le billot, les prosélytes de Luther, de Calvin, de Knox n'avaient pas besoin des canons des conciles ni des décrets des papes. Ils trouvaient dans la Bible, dans l'extermination des Amalécites ou des Madianites, dans les imprécations contre les prêtres de Baal ou de Moloch, assez de textes et de modèles pour stimuler leur zèle contre les ennemis de Dieu. L'Espagne n'a pas été le seul pays qui, en brûlant les hérétiques, ait cru faire un « acte de foi ». Pour le supplice de Giordano Bruno, la Rome papale n'avait qu'à imiter les leçons de la Genève de Calvin.

Protestants, aussi bien que catholiques, n'ont renoncé à l'appui du bras séculier que lorsque le bras séculier leur a fait défaut. Partout où le pouvoir a été dans leurs mains, ils n'ont cessé de demander à leurs concitoyens un certificat d'orthodoxie que lorsqu'ils n'ont plus été maîtres de l'exiger. Partout, jusque dans les pays célébrés comme le berceau classique des franchises politiques, en Hollande et en Suisse, en Angleterre et aux États-Unis, en république comme en monarchie, les peuples protestants les plus éclairés et les plus passionnés pour la liberté ont, sous l'influence de leur clergé et de leurs théologiens, inscrit dans leurs constitutions des lois draconiennes contre les hétérodoxes, tantôt leur interdisant entièrement le territoire de l'État, tantôt restreignant arbitrairement l'exercice de leur culte, tantôt les réduisant systématiquement à une sorte d'ilotisme civil, les traitant en parias incapables d'occuper les emplois publics. Ainsi ont procédé, et les épiscopaux de la Grande-Bretagne, et les presbytériens d'Écosse, et les puritains de la Nouvelle-Angleterre, et les gomaristes de Hollande, et les calvinistes de Genève, et les luthériens de Suède. Dans la plupart des pays protestants, la liberté des cultes, l'émancipation des catholiques notamment, est de date récente, et, lorsqu'elle lui a été arrachée, le piétisme évangélique s'en est d'ordinaire dédommagé en substituant à l'intolérance de la loi une intolérance non moins vexatoire et tracassière, l'intolérance des mœurs.

Chose singulière, ce sont, en Europe, des États catholiques qui ont souvent le moins tardé à supprimer dans les lois, comme dans les mœurs, toute distinction religieuse; et, en Amérique même, c'est un État d'origine catholique, le Maryland, qui a le premier proclamé dans sa constitution la liberté absolue des cultes [1].

On dira peut-être qu'aux dix-septième et dix-huitième siècles les lois restrictives de la liberté religieuse, dans la plupart des pays protestants, étaient surtout dirigées contre les catholiques, et

[1] Ce que l'on ne soupçonne pas d'ordinaire, c'est peut-être la Pologne du seizième siècle qui, de tous les États européens, s'est montrée à cet égard le plus libéral, et cela parce que sa constitution était la plus libre.

que si les sectateurs de Rome étaient maintenus dans un état d'infériorité légale, ce n'était pas tant comme adversaires religieux que comme adversaires politiques. Ce qu'on redoutait chez eux, en Angleterre, en Hollande, à Genève, c'était, nous objectera-t-on, moins des ennemis de la religion que des ennemis de l'État, et, pour tout dire, des ennemis de la liberté. Il y a dans ce point de vue une part de vérité ; mais la longue intolérance protestante ne saurait s'expliquer uniquement par là. Les catholiques n'ont nulle part été les seuls astreints à des lois d'exception. Les juifs, les rationalistes, les non-conformistes et dissidents de toute sorte, les protestants à tendances radicales notamment, ont d'ordinaire été comme eux l'objet des défiances publiques et des restrictions légales. Catholiques, israélites, infidèles, ont longtemps subi l'intolérance des sectes dominantes dans des pays et à des époques où l'on ne pouvait plus voir en eux des ennemis de l'État ou de la patrie ; ainsi dans les colonies anglaises, par exemple, ainsi dans les États allemands ou scandinaves. Dans ceux-ci, entre autres, c'était bien la religion, et la religion seule, qui était en cause, ce qui n'a pas empêché la Suède d'être l'un des derniers États de l'Europe à reconnaître la liberté des cultes.

De l'histoire politique et religieuse des deux mondes ressort un fait capital et trop souvent méconnu. A l'encontre d'un préjugé courant parmi les hommes d'études comme parmi le vulgaire, les institutions libres ont, dans les pays les plus anciennement en possession du *self-government*, précédé la liberté de penser et la liberté des cultes. Cela est vrai de l'Angleterre, de la Hollande, des États-Unis, de la Suisse. Cela est vrai des monarchies aussi bien que des républiques, des États à constitution aristocratique ou bourgeoise non moins que des démocraties. C'est là un fait si constant que, pour notre part, nous n'hésiterions pas à l'ériger en loi de l'histoire. *La liberté politique,* dirions-nous, *est d'habitude plus ancienne en date que la liberté religieuse.* Veut-on établir entre elles une filiation, veut-on voir dans l'une la mère de l'autre, c'est à la liberté politique qu'on est contraint de donner ce titre, sous peine d'intervertir l'ordre des âges et de faire naître la fille avant la mère.

Nous n'ignorons pas qu'au point de vue logique, on peut renverser l'ordre de cette filiation, voir dans la liberté religieuse, ou mieux, dans la liberté de penser, la liberté mère, la source génératrice d'où découlent toutes les autres. Cela est parfaitement légitime ; mais, chez cet être essentiellement inconséquent qu'est l'homme, l'ordre historique est loin d'être toujours d'accord avec l'ordre logique. Il s'en faut que les faits et les révolutions correspondent régulièrement à la succession rationnelle des idées. C'en est là un exemple, et non des moindres.

D'une manière générale, du reste, et c'est là une observation qui n'est pas inutile ici, les libertés publiques ne sont pas nées d'une idée abstraite. Leur origine est d'ordinaire moins noble, leurs parents plus grossiers ; et celles dont la naissance a été le plus humble, celles qui ne peuvent se glorifier d'être filles de la raison spéculative, ont jusqu'ici été les plus robustes. Presque partout, avant la Révolution française, chez les nations protestantes en particulier, les libertés publiques, au lieu de procéder spontanément de l'idée abstraite du droit, sont sorties du brutal conflit des intérêts et de la lutte des forces sociales. C'est là sans doute une des raisons pour lesquelles, chez tant de peuples, la liberté politique a été antérieure à la liberté religieuse. Les dissidents semblaient seuls intéressés à celle-ci, et ils n'étaient pas assez forts pour contraindre les cultes dominants à la leur accorder. Ils n'y sont d'ordinaire arrivés que par la liberté politique, après des combats dont l'âpreté a égalé la durée, et malgré la résistance de clergés d'autant plus attachés à leurs priviléges qu'ils les croyaient indispensables au salut de l'État comme au salut des âmes.

La tolérance, l'égale liberté des cultes n'a nulle part peut-être été le produit spontané d'une doctrine religieuse. Si, depuis un demi-siècle environ, elle s'est magnifiquement épanouie en certaines contrées protestantes, dans les pays anglo-saxons notamment, ce n'est point une fleur qui ait poussé d'elle-même sur la tige des rejetons de la Réforme. Ceci constaté, nous ne nierons pas qu'en dépit de ses résistances à l'émancipation politique des hétérodoxes, en dépit de son bon ménage avec l'absolutisme en mainte contrée, dans les États allemands, par exemple, le protestantisme, par le seul fait qu'il faisait appel au libre examen, ne puisse être regardé comme favorable aux libertés publiques, à celles mêmes auxquelles il s'est longtemps montré réfractaire, telles que la liberté de conscience. C'est là une opinion que nous n'entendons nullement contester ; mais, si elle est conforme à la vérité, c'est encore là une vérité d'ordre logique, dont les conséquences ne se sont dégagées que lentement, qui a longtemps échappé aux protestants eux-mêmes, que la plupart n'ont pour ainsi dire découverte qu'après coup.

Pour mettre ici l'histoire et la logique d'accord, on pourrait dire que, si la Réforme portait virtuellement dans ses flancs la liberté religieuse et la liberté de penser, c'était à son insu, si bien que, pour les arracher de son sein, il a souvent fallu lui faire violence. Une fois ces filles, dont il n'avait pas appelé la naissance, venues au jour, le protestantisme s'est décidé à les reconnaître et même souvent à s'en faire gloire. Lorsque, autour de lui, il a vu la liberté des cultes imposée par les nécessités politiques, lorsque, parmi ses propres adeptes, il a vu le libre examen franchir le cercle où il s'était flatté de l'enfermer, le protestantisme s'y est peu à peu plié. Il s'y est résigné, mais comme à un mal inévitable. Ce n'est que plus tard que ses docteurs ont fini par ériger en principe et par admettre comme un droit ce qu'ils avaient d'abord proscrit comme contraire aux lois divines et humaines.

Luthériens, calvinistes, anglicans avaient eu beau se défendre, durant des siècles, contre les empiétements de la tolérance, le principe fondamental du protestantisme, sa révolte persistante contre l'autorité personnifiée dans Rome, son manque irrémédiable d'unité et l'inévitable multiplicité de ses sectes, le préparaient à s'accommoder plus aisément d'une liberté qu'il ne pou-

vait toujours repousser sans une inconséquence
devenue plus manifeste à chaque génération.
C'est là, sans aucun doute, une des raisons pour
lesquelles les peuples protestants se sont plus
complétement, sinon plus rapidement, ralliés à
l'entière liberté de penser. C'est là, disons-nous,
une raison, mais, à notre sens, ce n'est pas l'u-
nique, et, si elle eût été seule, l'intolérance flo-
rirait encore dans la plupart des pays luthériens
et calvinistes, tout comme en Suède il y a moins
d'un demi-siècle. L'autre raison, qu'on oublie
trop souvent, c'est l'ancienneté des libertés politiques chez les peuples protestants les plus en
vue, en Angleterre, en Hollande, en Suisse, aux
États-Unis ; c'est que les libertés s'entraînent l'une
l'autre ; qu'elles ressemblent à une chaîne dont les
anneaux se tiennent et se déroulent successivement, de façon qu'à la longue la liberté politique
appelle la liberté religieuse, et celle-ci celle-là.

Tout autres ont été les destinées de la plupart
des pays catholiques. La liberté religieuse n'a pu
s'y appuyer sur la liberté politique, qui n'y existait
point ou n'y est que d'introduction récente.
Qu'on ne dise pas que la faute en doit retomber
sur l'Église romaine, qu'étant demeurées catholiques, la France, l'Italie, l'Espagne, l'Allemagne
du Sud se condamnaient à l'absolutisme. Ce ne

serait là qu'une pétition de principe, car, avant
que Luther fût entré chez les Augustins de Wit-
temberg, les principaux pays protestants, l'Angleterre spécialement, avaient déjà, au point de
vue politique, une avance d'un ou deux siècles [1].
Dans presque tous les pays restés catholiques,
les souverains étaient, dès l'époque de la
Réforme, parvenus à étouffer les libertés publiques, et les contrées protestantes, placées dans
des conditions politiques analogues, telles que
l'Allemagne du Nord et les Royaumes scandinaves, n'ont pas conquis plus de libertés pour
avoir embrassé les doctrines nouvelles. Loin de
là, la Réforme du seizième siècle, qui avait été en
grande partie l'œuvre des princes, a presque partout tourné au profit du pouvoir des princes.

Quoi qu'il en soit, l'Église romaine, durant les
trois derniers siècles, n'a d'ordinaire rencontré
autour d'elle ni droits politiques, ni franchises élec-
torales, ni habitudes de discussion. Elle n'a donc
eu ni l'obligation ni le temps de s'y faire. Par
là seul, et en dehors même de son principe, il
devait lui être plus aisé de se maintenir dans les

____

[1] Cette vérité a été pleinement démontrée par M. Boutmy.
Voy. la *Revue des Deux Mondes*, 1er mars 1885, article inti-
tulé : *La première évolution des classes et la formation du
Parlement en Angleterre.*

anciennes maximes théologiques longtemps communes à toute la chrétienté. En d'autres termes, le catholicisme et la hiérarchie catholique n'ont pas eu, comme d'autres confessions, à se faire pratiquement à toutes les libertés politiques ou religieuses. Cela seul suffirait pour qu'ils ne s'y fussent pas encore accoutumés.

Certaines de ces libertés ont beau sembler répugner à l'enseignement de l'Église romaine, rien ne permet d'affirmer que si elle y eût été lentement amenée par les mœurs et poussée par l'esprit public, elle ne s'y fût pas, à son tour, résignée. Quelque obstacle qu'y paraissent opposer ses dogmes ou ses traditions, le passé, nous le répétons, n'autorise point en pareille matière à préjuger l'avenir. Bien téméraire serait le catholique ou l'incroyant qui prétendrait dénier à l'Église la faculté de jamais s'adapter aux mœurs nouvelles et lui interdirait d'accepter les libertés modernes, sinon en droit, du moins en fait, ce qui, pour la politique, est l'essentiel.

L'Église et le clergé nous semblent, à cet égard, dans une situation analogue à celle de la plupart des peuples catholiques, comparés à certaines nations protestantes. Leur éducation politique n'est pas faite, et c'est là une éducation qui ne se fait pas en un jour.

La liberté est pour eux un noviciat qu'ils n'ont point achevé. Une révolution, qui a profondément changé des lois et des habitudes séculaires, a besoin de plus d'un siècle pour être patiemment acceptée de toutes les classes d'une société, de tous les intérêts matériels ou spirituels. Il y aurait naïveté à s'étonner que le clergé n'en ait pas encore pris son parti. Il y aurait une sorte d'injustice à exiger autant, à cet égard, des catholiques de France, d'Italie, d'Espagne, que des protestants d'Angleterre, d'Amérique, où la révolution libérale est autrement ancienne. Il y a là une question de date, qu'on ne saurait entièrement oublier.

Pour beaucoup d'esprits, et notamment pour les intelligences les plus attachées à la tradition, ce qui d'habitude est le propre des clergés et des natures religieuses, nos « libertés modernes », comme l'indique le nom même dont nous les affublons, ne sont que des nouveautés plus ou moins récentes, partant plus ou moins suspectes et plus ou moins contestables, dont le règne n'est pas encore définitivement établi. Les hommes enclins au culte du passé peuvent encore en mettre l'avenir en doute. Il en sera autrement dans une ou deux générations, quand les idées et les mœurs seront entièrement imbues du principe de liberté. C'est là une transformation qu'aucune résistance ne saurait prévenir, et ceux mêmes qui auront essayé de la retarder finiront par s'y accommoder, par en voir les avantages, par en faire, eux aussi, leur profit.

Ce temps viendra pour les catholiques les plus réfractaires aux idées nouvelles, et l'on sera peut-être un jour étonné de la facilité avec laquelle ces adversaires obstinés de la liberté s'y seront convertis. En dépit des apparences, l'Église sait au besoin montrer non moins de souplesse que de persévérance. Lorsque la hiérarchie sera bien convaincue de la vanité de ses regrets d'un passé à jamais évanoui, ni les souvenirs de l'inquisition, ni les décisions des conciles, ni les encycliques des papes ne la retiendront longtemps dans des voies manifestement surannées. On se souviendra que chaque temps a ses besoins et ses méthodes, et l'on sera heureux de découvrir que, pour l'apostolat des âmes, la liberté offre plus de ressources réelles que l'absolutisme. Les théologiens, qui ne sont jamais à court, ne seront pas embarrassés de prouver que ni le dogme ni la tradition n'interdisent à l'Église de vivre en paix avec la société moderne. Cette démonstration, plusieurs ne l'ont-ils pas déjà tentée?

3.

CHAPITRE III

De la conciliation entre le catholicisme et la société moderne.
— Difficultés de la tâche ; comment elle se présente aux yeux
des croyants. — En quel sens les principes de la révolution
sont pour eux entachés d'hérésie. — Comment le christianisme n'en est pas moins maître de revendiquer sa part dans
la société moderne. — Comment les libertés publiques ne
sont pas nécessairement liées aux principes abstraits de la
révolution. — Distinction entre la société moderne et les
maximes sur lesquelles on prétend la faire reposer. — L'enseignement catholique et la monarchie de droit divin. —
Église et démocratie. — En quoi le néo-ultramontanisme
est la contre-partie de la révolution. — Distinction entre les
principes de la révolution et ses résultats pratiques.

A considérer les principes comme les tendances, il peut sembler qu'entre le catholicisme
et la société moderne l'incompatibilité soit absolue, les conflits inévitables, la réconciliation une
utopie. Au premier abord, la raison paraît avec
les libéraux et les catholiques, ou, si l'on aime
mieux, avec les radicaux et les ultramontains, qui,
des deux pôles opposés, s'entendent pour interdire aux fils de l'Église d'habiter les régions tem-
pérées du libéralisme.

Sur quoi repose la religion chrétienne, le catholicisme spécialement, qu'on a pu appeler la plus religieuse des religions? Sur la notion d'autorité et d'unité, poussée à un tel degré, que la foi catholique se résume dans un docteur vivant et une chaire unique, dans l'obéissance de la raison et du cœur à la parole souveraine d'un pontife infaillible.

Sur quoi repose ce que, faute d'autres noms, nous appelons la société moderne? Sur la liberté des croyances et la variété des opinions, sur le libre examen appliqué à toutes choses et poussé dans toutes les directions jusqu'aux dernières extrémités, jusqu'à la plus entière confusion des idées et des doctrines, au chaos moral et à l'anarchie des intelligences.

A regarder ainsi soit le point de départ, soit le point d'arrivée et les aboutissants, l'opposition semble complète; mais est-ce bien dans ces termes que le problème doit se formuler? et quand, en bonne logique, on ne saurait mieux le poser, est-ce toujours de cette manière qu'il se présente dans la pratique?

Non assurément pour le plus grand nombre. Il ne s'agit nullement, en effet, — un catholique aurait le droit d'en faire la remarque, — de conciliation dogmatique, de transaction de principes entre l'Église infaillible et ce qu'on appelle les idées modernes ; il ne s'agit pas de la liberté de penser, de la liberté philosophique ou métaphysique : il s'agit simplement de la sphère pratique, du vulgaire terrain des faits, de la liberté politique, ce qui est fort différent.

Ce qui importe à ce point de vue, c'est de savoir si le catholicisme peut, oui ou non, s'accommoder de l'état social actuel, des mœurs et des lois sorties de l'évolution historique des trois derniers siècles. Serait-elle démontrée, l'incompatibilité des principes aurait plus de valeur pour le philosophe ou le théologien que pour l'homme politique. Ce qui importe en politique, c'est moins la compatibilité des principes que celle des résultats pratiques.

Ici encore, après l'opposition des doctrines, on peut, il est vrai, objecter l'opposition des intérêts et des traditions. Par certains côtés assurément, en dehors même de ses dogmes et de la mission divine qu'elle ne saurait abdiquer, l'Église, qui a été l'autorité la plus haute du moyen âge, qui, sur les individus et les peuples, jouissait alors de pouvoirs incontestés, l'Église, qui, depuis trois cents ans, s'est vu peu à peu spolier de ses droits et priviléges, de ses biens et de sa souveraineté, l'Église ne semble-t-elle pas l'adversaire irréconciliable de la société civile, de la société laïque, grandie à ses dépens et enrichie de ses dépouilles ?

Mais, de nouveau, est-ce là le seul aspect de la question ? Nullement. Par d'autres côtés, la société moderne et l'ordre de choses issu de la Révolution n'ont-ils pas avec l'esprit du christianisme, avec les tendances manifestes de l'Évangile, une incontestable affinité, si bien qu'on a pu dire que l'œuvre de la Révolution n'était en quelque sorte qu'une application du christianisme, une réalisation des maximes évangéliques dans les institutions ?

La noble et trop décevante devise : « Liberté, Égalité, Fraternité », pourrait être revendiquée par les chrétiens comme un plagiat de l'Évangile. Pour les disciples du Dieu crucifié, ces mots prestigieux ont, il est vrai, un autre sens que pour les enfants du siècle. Jusque dans les concordances ou les analogies de ce genre, il est facile de signaler entre l'Église et la Révolution une antinomie fondamentale, antinomie qui persiste à travers la parenté des résultats pratiques ou les rencontres des doctrines, mais qui ne détruit ni cette parenté ni ces rencontres.

A remonter aux principes théoriques, il y a encore une fois opposition radicale là même où, par des chemins divers, les doctrines semblent se joindre et aboutir au même point. Le principe conscient ou latent de la Révolution, le double dogme, depuis Rousseau, virtuellement professé par la plupart de ses docteurs et apologistes, c'est, au rebours de l'enseignement du christianisme, que l'homme naît bon, naturellement enclin au bien; c'est ensuite que la raison individuelle se suffit en tout à elle-même.

Certes, si l'on s'en tenait à ce double article de foi du *Credo* révolutionnaire, si l'on en faisait l'unique base des revendications libérales, la Révolution et la société qui en est sortie seraient en naturel antagonisme avec les doctrines de l'enseignement catholique, ou mieux, avec tout le christianisme, avec toute religion. Ainsi comprise, la Révolution est une hérésie formelle. Ainsi entendue, la liberté, tout comme la Révolution, mériterait de Joseph de Maistre d'être appelée satanique.

Mais, sur le terrain même des principes, ne saurait-on découvrir aux libertés modernes, à la liberté politique notamment, d'autres fondements rationnels ou d'autres origines historiques? La liberté et l'égalité devant la loi sont-elles partout et nécessairement le fruit de ces orgueilleuses théories, de cette présomptueuse apothéose de la nature humaine qui, dans ses outrances et ses superstitions, ne répugne guère moins à la critique du philosophe qu'à la foi du théologien[1]? L'ordre social actuel, encore si tristement imparfait et visiblement précaire, la société moderne, qui devrait peut-être nous inspirer autant d'humilité et d'inquiétude que d'orgueil, découlent-ils uniquement de ce que les philosophes appellent les faux principes et les théologiens les faux dogmes de la révolution?

Pour le croire, il faudrait oublier le jeu complexe des forces historiques, il faudrait ne voir, dans la longue et obscure évolution des sociétés, qu'un élément et qu'un facteur. Oserait-on soutenir que le christianisme y est demeuré entièrement étranger et interdire au croyant d'en revendiquer sa part pour sa foi? Si notre société contemporaine, et cet ensemble confus de notions théoriques, de droits abstraits, d'habitudes, d'institutions que nous désignons sous le nom de société moderne, n'est pas tout entière sortie spontanément des entrailles du christianisme; si la raison pure et le libre examen y ont eu une part considérable, prédominante même, le chris-

---

1 Voyez, dans la *Revue des Deux Mondes* du 1er janvier 1883, l'étude ayant pour titre : *Un philosophe historien : M. Taine.*

tianisme y a malgré tout eu la sienne, et les chrétiens ont le droit de la faire ressortir, le droit de montrer que, par certains côtés, cette société moderne reste un produit, un fruit du christianisme, une application imparfaite, dans les lois et dans les mœurs, des maximes du Christ et de l'idéal chrétien.

Placé en face des droits de l'homme, en face des principes de 1789, le catholique, le théologien, s'il n'en peut admettre toutes les déductions, est loin d'être obligé de les condamner en bloc[1]. Il est maitre d'y retrouver une part de christianisme et de la reprendre comme son bien ; maitre de déterrer, sous les vagues et flasques formules révolutionnaires, l'empreinte effacée de l'Évangile et de l'y vénérer[2].

Lors donc qu'on somme les catholiques de choisir entre l'Église et la société dont ils se

---

[1] Un prêtre du diocèse de Langres, M. l'abbé Godard, s'est attaché, dans un livre sur les principes de 1789, à montrer la fréquente concordance de ces principes avec les maximes du Christianisme. Si ce livre a d'abord été mis à l'*index*, il a été, après les corrections de l'auteur, relevé de toute censure.

[2] Voyez, par exemple, entre les ouvrages récents, *le Christianisme et les temps présents*, par M. l'abbé Bougaud, t. IV, p. 407-410 ; Mgr Maret, évêque de Sura, doyen de la Faculté de théologie de Paris : *la Vérité catholique et la paix religieuse*, 1884 ; M. l'abbé Frémont : *les Rapports de l'Église et de l'État au point de vue théorique et pratique*, 1883.

sentent les enfants, on comprend qu'ils refusent
d'obéir à cette injonction et repoussent cet hor-
rible choix. On comprend qu'à l'inverse de certains libéraux et de certains catholiques, qui ne
veulent voir que les oppositions, d'autres, se prétendant à la fois catholiques et libéraux, préfèrent
s'arrêter aux ressemblances, aux points de
contact. On comprend que prêtres ou laïques
aient à cœur de ne pas mériter le reproche des
adversaires de Rome, quand, avec Quinet, ils
montrent le clergé faisant la guerre aux institutions à l'heure même où l'Évangile « s'incarne
dans les institutions », et quand ils menacent
l'Église de « se briser dans les ténèbres contre
le christianisme vivant au fond des lois [1] ». On
comprend enfin que, loin de maudire la civilisation moderne, des catholiques se fassent un devoir de revendiquer ce qu'elle a de plus sain et
de plus pur, de montrer que ce qu'elle a de
meilleur est en conformité avec l'esprit du christianisme, de rappeler qu'à plus d'un égard cette
superbe et ingrate civilisation contemporaine est
la fille légitime de l'Évangile, de façon que c'est
sa mère que la société moderne méconnaît en

---

[1] QUINET, *Réponse aux observations de M. l'archevêque
de Paris.* 1843.

faisant la guerre à la religion, et que c'est son propre enfant, c'est le fils de son sang et de sa chair que l'Église semble renier en reniant l'esprit moderne [1].

Ce n'est pas ici le lieu de discuter ce que le christianisme peut légitimement revendiquer dans la société nouvelle, d'essayer de faire en quelque sorte le départ des diverses influences d'où découle notre civilisation. Pour le catholique, il suffit que le christianisme n'y ait pas été étranger, qu'il ait été, spontanément ou non, l'un des antécédents directs de la grande transformation moderne, qu'en se sécularisant et s'émancipant cette civilisation n'ait pas perdu tout droit au titre de chrétienne. Et cela, aux plus beaux jours de la révolution, en 1789, la portion la plus évangélique du clergé n'en doutait guère, lorsqu'elle s'associait aux exigences et aux espérances du tiers état.

Et quand les catholiques qui réclament une part de l'héritage de la révolution se feraient illusion, quand ils seraient dupes de trompeuses

[1] « Le plus grand pas, écrivait Lacordaire en 1846, est presque fait aujourd'hui que l'Église reconnaît dans les libertés modernes les filles légitimes des libertés du moyen âge, et leur aïeul à toutes, le saint Évangile de Jésus-Christ. » (Lettre à madame Eud. de la Tour-du-Pin, 21 août 1846.)

similitudes de noms et de formes ; bien plus, quand, désabusés par ses conséquences et épouvantés par ses excès, ils la répudieraient tout entière, de 1789 à 1830, et de 1793 à 1871, la révolution et la société moderne sont-elles forcément solidaires ? Les libertés publiques ont-elles, pour fleurir, attendu partout la sanglante aurore de la prise de la Bastille, et les franchises politiques ne remontent-elles nulle part au delà du serment du Jeu de paume et de la Déclaration des droits de l'homme ? Notre horizon, dans le temps ou dans l'espace, est-il si borné que la liberté ne puisse nous apparaître en dehors des abstractions et des formules françaises de la fin du dix-huitième siècle, et que, hors le legs de la révolution, il n'y ait plus pour nous de civilisation moderne ? Ne connaissons-nous pas, dans notre voisinage même, des pays où la liberté, née sous d'autres auspices, a jeté des racines autrement fortes et profondes que dans la patrie de la révolution ? Que dis-je ? sur ce continent, sur cette vieille terre française d'où devait, avec nos assemblées et nos armées, sortir le renouvellement violent de l'Europe, le moyen âge, l'âge de la foi n'avait-il pas de tous côtés semé des germes de liberté, et, si l'éclosion ou le développement en a été arrêté, la faute en revient-elle à l'Église ou bien aux rois, à la noblesse, à la bourgeoisie?

La notion de liberté politique est antérieure à la révolution aussi bien qu'à la réforme; et, alors même que la révolution, et avec elle l'extrême démocratie qui prétend la pousser jusqu'à ses dernières conséquences, serait réellement incompatible avec le catholicisme, les catholiques n'en garderaient pas moins le droit de se réclamer des libertés civiles pour lesquelles, en Italie, en Angleterre, en Espagne, en Hongrie, en Pologne, en Flandre, en France même, leurs ancêtres ont plus d'une fois combattu. Les libertés politiques auraient beau avoir été conquises sans eux et malgré eux, que rien ne pourrait leur interdire d'en faire leur profit, ni personne les contraindre à s'en laisser frustrer.

Une erreur fort accréditée, c'est de croire le catholicisme enchaîné par ses doctrines ou ses traditions à la monarchie absolue, à ce qu'on nomme la royauté *de droit divin*. Rien de moins justifié. Il n'y a là, en fait, qu'une équivoque grossière, provoquée par une sorte de jeu de mots. Tout au plus y peut-on reconnaître une interprétation arbitraire de l'*Omnis potestas a Deo*. A vrai dire, la théorie du droit divin n'est même pas d'origine religieuse, elle est plutôt d'origine politique. Elle a été imaginée bien moins dans un intérêt spirituel que dans un intérêt temporel. Loin de découler naturellement des doctrines catholiques, elle est en opposition formelle avec l'enseignement des grands docteurs et des grands théologiens. Elle est aussi étrangère à Suarez et aux anciens Jésuites qu'à saint Thomas d'Aquin et aux scolastiques. Saint Thomas dit expressément que la royauté et les principats politiques sont de droit humain et non de droit divin [1].

En veut-on découvrir les sources et rechercher les antécédents, cette sorte de divinisation de la monarchie et du droit des rois est d'essence païenne bien plus que d'essence chrétienne. Ce n'est guère qu'une imitation de la Rome des Césars, une contrefaçon chrétienne du caractère divin attribué à la puissance impériale et à la personne des empereurs. Aussi est-ce chez les restaurateurs du droit romain, chez les légistes des empereurs allemands ou des rois de France, qu'on en trouverait au moyen âge les premiers vestiges. Si, aux temps modernes, cette sorte d'apothéose du pouvoir monarchique s'est repro-

---

[1] *Dominia et principatus politicos non esse de jure divino, sed de jure humano.* — Voyez Ém. OLLIVIER, l'*Église et l'État au Concile du Vatican*, t. I, p. 329.

duite dans les Églises chrétiennes, c'est plutôt peut-être chez les hétérodoxes, chez les protestants, dans l'Église anglicane par exemple, où Jacques Ier et les Stuarts ont, pour leur perte, fait enseigner le droit divin des rois avec l'autorité absolue. Parmi les catholiques, les plus enclins à cette exaltation du pouvoir royal ont été les moins dociles à Rome, les gallicans en particulier, Bossuet entre autres. Encore faut-il noter que, sous l'ancien régime, la plupart des docteurs, aussi bien que des juristes, que l'on pourrait citer en faveur de l'autorité divine des rois s'inspiraient de motifs fort étrangers à leurs modernes émules. Ils obéissaient surtout au désir d'assurer l'indépendance du pouvoir civil et « des couronnes » vis-à-vis de la tiare et du pouvoir spirituel.

La monarchie de droit divin, telle qu'on l'a comprise au dix-neuvième siècle, n'est en somme qu'une invention récente, une nouveauté politique imaginée sous la Restauration par des philosophes ou des publicistes jaloux d'opposer une formule au Contrat social et à la Révolution. C'est la contre-partie royaliste du dogme révolutionnaire de la souveraineté du peuple. Pourquoi les catholiques seraient-ils obligés de suivre en pareille matière Joseph de Maistre, Bonald ou Louis de Haller qui, les uns et les autres, ont d'ordinaire appuyé leurs théories sociales, non sur l'enseignement de l'Église, mais, tout comme Rousseau et leurs adversaires, sur des considérations rationnelles et de prétendues lois naturelles? Ni Bonald, affirmant que la république et la démocratie sont contraires aux lois fondamentales de la nature; ni Haller, envisageant la société civile comme un domaine héréditaire et la souveraineté comme une seigneurie qui ne relève que d'elle-même, ne sont les représentants de l'enseignement traditionnel des écoles catholiques. Ce ne sont que des novateurs dont les systèmes étrangers à la théologie sont dépourvus de toute consécration religieuse [1].

Si le catholique ne peut accepter la souveraineté du peuple au sens de Rousseau et de Robespierre, comme absolue et infaillible; s'il ne peut admettre qu'une volonté arbitraire et mobile, indépendante de toute loi divine et humaine, soit la source unique de toute autorité et de tout droit, le catholique n'est nullement tenu d'accepter la souveraineté absolue des rois telle que

---

[1] Nous sommes heureux de pouvoir renvoyer sur ce point à une récente et forte étude de Mgr Hugonin, évêque de Bayeux, *la Philosophie du droit social* (Plon, 1885), IIe partie, liv. Ier, chap. IV, p. 166.

l'entendent Bonald et son école, d'accord avec Rousseau pour soutenir que l'homme n'existe que pour la société et que c'est à la société de le former pour elle. Cette doctrine ne s'impose pas plus à la théologie qu'à la philosophie rationnelle. Il n'y a pas, à proprement parler, de politique catholique, et celle qu'on pourrait extraire des scolastiques et des théologiens serait radicalement différente de celle que les théoriciens de la monarchie absolue s'efforcent d'abriter sous le couvert de l'Église. Quant à soutenir que la logique, à défaut de la foi et de la tradition, enchaine les fidèles à la monarchie de droit divin, autant interdire aux républicains et aux démocrates de s'écarter du Contrat social et du jacobinisme. Des deux prétentions la première ne serait peut-être pas la moins exorbitante.

Au lieu de faire dériver tout pouvoir du souverain, considéré comme révêtu d'une part de la puissance divine, les catholiques sont maîtres d'envisager le pouvoir social comme issu de la société et s'exerçant pour elle. Ils ne feraient que suivre le plus grand philosophe catholique du siècle, Rosmini. Veulent-ils s'appuyer sur des autorités plus anciennes, Suarez leur permet de reconnaître que la société peut avoir pour base un contrat, non, il est vrai, le contrat léonin de

Rousseau, où l'individu fait à la communauté l'abandon de tous ses droits naturels [1]. Contrairement aux doctrines presque également sophistiques et également tyranniques de la *Législation primitive* de Bonald et du *Contrat social* de Rousseau, les fidèles les plus timorés peuvent, avec le philosophe de Roveredo, avec Rosmini, repousser l'omnipotence du souverain, prince ou peuple. Ils peuvent non-seulement en limiter le pouvoir et les droits, mais même rejeter entièrement, au grand bénéfice des libertés réelles, ce vieux concept de la souveraineté, éliminer de la philosophie sociale et de la politique cette notion spécieuse et surannée dont le nom prête à de périlleuses équivoques.

L'idée de la souveraineté, legs de tous les absolutismes du passé, a faussé les systèmes politiques les plus différents. Que le souverain soit le monarque ou le peuple, elle n'est guère bonne qu'à justifier le despotisme. Grâce à elle, l'école de Bonald et l'école de Rousseau ont, dans leur opposition même, une affinité secrète. Et cette sorte de parenté entre le dogme du droit divin et le dogme de la souveraineté du peuple, un œil

---

[1] Mgr HUGONIN, *Philosophie du droit social* (1885), p. 284, a un chapitre intitulé : *En quel sens le contrat peut-il donner naissance à la société civile ?*

attentif la retrouve entre le néo-ultramontanisme antilibéral et le radicalisme révolutionnaire antireligieux. Ce sont des frères ennemis, mais ce sont des frères, dont les traits gardent une ressemblance marquée, et chez lesquels la divergence des idées ne dissimule pas l'analogie des tempéraments.

Les plus ardents fauteurs de la monarchie de droit divin ne sont guère que des révolutionnaires retournés, tout comme les révolutionnaires ne sont en un sens que des autoritaires à rebours, transférant au peuple les priviléges des anciens despotes. Les doctrines à la fois serviles et tyranniques, professées par une portion du clergé et des catholiques, remontent en réalité à la Révolution et en sont directement inspirées. C'est le spectacle des horreurs et des démences de la Révolution qui les a rejetés en arrière vers l'autre pôle de la politique. Ce sont les téméraires affirmations et les négations non moins téméraires de la Révolution qui les ont poussés à des témérités non moindres en sens inverse, et leur ont fait répondre aux « Droits de l'homme » par le droit divin et autres nouveautés non moins irrationnelles.

La source première, l'aliment principal de cet esprit excessif, malheureusement répandu parmi trop de catholiques, c'est ainsi la Révolution elle-même; c'est l'esprit révolutionnaire dont, avec toutes ses exagérations en sens opposé, avec ses thèses également outrées et absolues, le néo-ultramontanisme n'est en somme que la contre-partie. L'un offre en quelque sorte l'image renversée de l'autre, et tous deux semblent se réfléchir en se déformant, tant, à travers leurs divergences, ils se correspondent et se reproduisent. A bien des égards ou pourrait dire qu'ils procèdent l'un de l'autre. En tout cas ils s'exaltent, ils s'exagèrent, ils se surexcitent réciproquement par leurs mutuels excès et leurs mutuelles provocations. Cela est surtout sensible en France, dans le pays qui, depuis cent ans, a eu le triste honneur de servir à la fois de patrie aux thèses les plus extrêmes.

S'il est faux que les catholiques soient rivés au droit divin et à la monarchie absolue, il n'est pas moins faux que le catholicisme soit fatalement attaché aux formes aristocratiques et opposé à la démocratie. Pour avoir elle-même une constitution hiérarchique, l'Église n'est pas obligée d'imposer la même organisation à la société civile. Tocqueville, il est vrai, nous paraît aller trop loin, lorsqu'il semble regarder le catholicisme comme la plus démocratique ou la plus favorable à la démocratie de toutes les confessions chrétiennes, parce que l'Église romaine courbe toutes les intelligences sous la même foi et la même autorité. Nous ne saurions suivre Tocqueville jusque-là. Nous ne voyons pas par quelle pente cachée le catholicisme incline plus rapidement à la démocratie; mais nous découvrons encore moins ce qui lui défend de s'y plier. Il ne nous échappe pas assurément que la hiérarchie romaine et la démocratie européenne sont aujourd'hui en guerre; mais cette guerre bientôt séculaire, ce n'est pas l'Église qui l'a déclarée, c'est la Révolution. Ce que l'Église redoute, ce qu'elle combat dans la démocratie moderne, ce n'est pas la démocratie elle-même, ce n'est ni l'égalité ni la fraternité, c'est l'esprit de la démocratie contemporaine, ses passions, ses convoitises, ses instincts antireligieux, ses appétits de domination.

Faut-il rappeler qu'il n'en a pas toujours été de même? qu'au moyen âge, à l'époque du plus grand ascendant de Rome, on a vu dans les communes d'Italie et ailleurs, à Florence notamment, des démocraties catholiques et des démocraties extrêmes? L'Église ne les a jamais excommuniées. A s'en tenir au dogme, l'épiscopat pourrait répéter à la fin du dix-neuvième siècle les instructions de Pie VII, alors encore évêque, à ses ouailles des Romagnes : Soyez bons chrétiens, et vous serez bons démocrates. Et cela n'était pas seulement un langage de circonstance ; le principe démocratique, dans le sens élevé du mot, l'égalité véritable et la véritable fraternité sont trop conformes à l'esprit du christianisme pour que la foi chrétienne n'en facilite pas la pratique. En dépit de leurs inimitiés présentes, le christianisme seul était peut-être capable d'assurer les destinées de la démocratie moderne en la défendant de ses deux principaux vices, l'envie et la présomption. Dans ce laborieux passage d'un état social à un autre, au-dessus des abîmes ouverts sous les pas des nations contemporaines, la religion offrait encore à la démocratie ce dont elle avait le plus besoin, un garde-fou contre le vertige des hauteurs [1].

En résumé, aucunes divergences de principes ne sauraient obliger un catholique à se mettre en dehors du droit nouveau et à s'exiler lui-même

[1] Parmi les catholiques qui ont cru à la nécessité de l'accord de la religion et de la démocratie, il en est un que nous ne saurions nous dispenser de citer. C'est Balmès, le grand docteur espagnol, mort quelques mois après la révolution de 1848. On a retrouvé de lui, à ce sujet, un écrit posthume fort curieux, publié dans la *Nouvelle Revue*, en 1883.

de la liberté. Il peut, en conscience, prendre place au large banquet où tous sont conviés. S'ils éprouvent des scrupules, s'ils trouvent dans notre société le mal égal ou supérieur au bien, les catholiques ont la ressource de distinguer entre les libertés publiques et la Révolution, sans même être les seuls à se permettre une pareille distinction. Ils peuvent séparer les principes ou les erreurs de la Révolution de ses effets pratiques, admettre les uns sans adhérer aux autres. Le *distinguo* n'est-il pas le procédé habituel des théologiens? En vain leur objecterait-on qu'en bonne logique ils sont mal fondés à repousser les principes en acceptant les résultats, ces derniers sont un fait qu'il faut subir bon gré, mal gré, un fait que tout homme clairvoyant est contraint de regarder comme acquis et inévitable, alors même qu'il en serait le plus choqué et blessé. N'est-ce pas là, en réalité, devant notre société moderne, en face de l'ascendant croissant de la démocratie, le sentiment de beaucoup d'hommes de notre temps : catholiques, protestants, israélites, libres penseurs?

Il faut prendre garde, du reste, de s'exagérer en semblable matière l'autorité de la logique et la valeur des considérations abstraites. La logique ou l'illogisme, dans la sphère politique surtout, sont loin d'avoir toujours l'importance qu'on est tenté de leur prêter. La logique reçoit de la vie, des intérêts et des passions, de fréquents et éclatants démentis. Minime dans tous les camps est le nombre des hommes entièrement menés par des déductions théoriques. Si l'aiguille aimantée dévie parfois du pôle, bien autres sont les écarts de la pensée humaine et des partis politiques.

Ce qui, en pareil cas, importe avant tout, c'est moins l'enchaînement logique des idées que leur filiation historique et l'enchaînement des faits. Or, rien de plus simple à cet égard, rien de moins mystérieux que l'origine des catholiques libéraux et la naissance de l'école de ce nom. Elle est sortie spontanément de la révolution de 1830, du mouvement d'idées qui l'a précédée ou suivie, de la situation politique qui l'a accompagnée. A en suivre les premières manifestations et les plus brillants initiateurs, cette école catholique libérale provient, nous semble-t-il, d'une double impulsion d'ordre bien différent et inégal, de la révolution de Juillet d'abord, du romantisme littéraire ensuite. La première fit soudainement éclore les germes obscurs semés au loin par le dernier.

CHAPITRE IV

Il est des saisons de printemps intellectuel où, dans tous les domaines, les idées semblent se renouveler. Telle a été la Restauration, telles ont été les premières années de la monarchie de Juillet, ce qu'on peut appeler la jeunesse ou l'adolescence du siècle. C'était l'époque où le romantisme, exalté au souffle de la Révolution, se répandait en tous sens, prétendant rajeunir le présent au nom du passé, mêlant dans ses bizarres hardiesses les réminiscences du moyen âge aux utopies incohérentes de l'avenir. Malgré ses excès et ses puérilités, un pareil mouvement ne pouvait demeurer sans écho chez les catholiques qui en avaient recueilli les prémices avec Chateaubriand et le *Génie du christianisme*.

Le romantisme, du reste, avec son dégoût de la vie ou de la réalité, avec sa nostalgie de l'infini, provenait indirectement de l'Évangile, de l'agrandissement, de l'approfondissement de l'âme humaine par la foi chrétienne et du vide creusé dans les cœurs par le scepticisme.

Au romantisme littéraire, à la fois conservateur et révolutionnaire, épris en même temps de restauration et d'innovation, sorte de Janus, jeune et vieux simultanément, bien qu'essentiellement moderne sous son déguisement moyen âge, mais à un romantisme plus sérieux, plus convaincu, plus conséquent, moins de mots que d'idées, moins de forme que de fond, se rattachaient par plus d'un trait, à leur insu même, moins par le style et le tour de l'imagination que par le sentiment et le tour de la pensée, les premiers apôtres du libéralisme catholique; et La Mennais, avec ses paraboles orientales et ses versets rhythmés, La Mennais demeuré, par l'ampleur de la phrase comme par la chaleur et la couleur de la langue, l'un des maîtres de la prose nouvelle et des initiateurs de la poésie sans vers; et Lacordaire, atteint dans sa jeunesse du mal de René et d'Obermann, « rassasié de tout sans avoir rien connu »; Lacordaire, autre poëte en prose, le grand romantique de la chaire, qui couvre en vain ses images et ses métaphores de noms ou de souvenirs classiques ; et Montalembert lui-même, le traducteur des *Pèlerins polonais* de Mickiewicz, le restaurateur des légendes monastiques et le pieux historien de la « chère sainte Élisabeth[1] ».

Certes, il serait souverainement injuste de réduire l'initiative de ces ardents et téméraires champions de l'Église à n'être qu'un écho prolongé du romantisme, comme il serait inique de n'y voir qu'un contre-coup de la révolution de Juillet. Telle n'est pas notre pensée ; mais ce n'est point faire injure à ces vaillants esprits que de retrouver chez eux, dans leur langue, dans leurs idées, dans leurs espérances ou leurs illusions mêmes, la trace à demi effacée des courants intellectuels qui, avec le romantisme, ramenaient partout en Europe des sentiments nouveaux, élargissaient pour le cœur et l'esprit les horizons rétrécis du dix-huitième siècle, réagissaient contre la sécheresse de sa philosophie et de sa littérature, nous rendaient, avec l'intelligence de l'art gothique, le goût et le sens du moyen âge, et presque partout ramenaient les imaginations,

---

[1] Les *Lettres* de Montalembert *à un ami de collége* montrent combien dans sa jeunesse il était un adepte enthousiaste de l'école romantique.

sinon les âmes, à la religion et à l'Église en les faisant remonter au delà de Voltaire et de Luther, jusqu'aux siècles de foi.

Les poëtes qui dans les traditions catholiques cherchaient avant tout des couleurs, des images, des sensations nouvelles ou non encore usées, le dilettantisme religieux de Chateaubriand, de Lamartine, de Hugo lui-même, devaient ouvrir la voie à des esprits plus graves et à la fois plus tendres, moins épris de formes d'art ou de vaporeuses rêveries qu'altérés de foi et d'amour, dont la religion, au lieu de flotter dans l'imagination, pénétrerait au fond du cœur et de l'âme, pour lesquels le christianisme ne resterait pas un brillant thème à variations poétiques et sentimentales, qui, non contents de retrouver l'art catholique et l'architecture ogivale, prétendraient restaurer le catholicisme et y ramener la société en lui montrant qu'elle n'avait pour cela rien d'essentiel à sacrifier. Au lieu de se borner à demander à la religion et au christianisme le renouvellement du champ épuisé de l'art, ils devaient lui demander le rajeunissement d'une société vieillie.

Cela était si naturel que le même phénomène s'est produit presque simultanément au delà des Alpes, du Rhin, des Pyrénées ; en Allemagne, où des écrivains tels que Frédéric Schlegel et des artistes tels que Overbeck se convertissaient au catholicisme après s'être convertis à l'art catholique ; en Italie surtout, où, de Manzoni et de Silvio Pellico à Tommaseo, à Massimo d'Azeglio, à Cantu, à César Balbo, à Capponi, toute une école, à la fois littéraire, historique et politique, se retrempait aux sources fraîches du passé et, unissant dans le même amour la religion et la nationalité, préparait la régénération de l'Italie aux noms alors associés de la foi et de la liberté.

Est-ce à dire que ceux qu'on a improprement surnommés les néo-catholiques fussent des hommes du moyen âge, des revenants du passé ? Non assurément, pas plus que les poëtes de France, d'Angleterre ou d'Allemagne qui dans leurs vers se plaisaient à faire revivre l'âge de la chevalerie. Peu d'hommes, en réalité, parmi tous leurs contemporains, furent plus de leur temps, en eurent à un plus haut degré le sens, l'instinct, les goûts, les émotions, les aspirations. Ces premiers catholiques libéraux furent plus modernes que la plupart de leurs adversaires de l'un et l'autre bord, de même que les romantiques étaient, à travers toutes leurs exagérations et en dépit de leurs travestissements exotiques, plus modernes, plus vivants que les néo-classiques.

Comme chez les romantiques, dont nous ne les rapprochons ici que pour les mieux comprendre, chez les premiers catholiques libéraux, l'amour du passé, loin de rien avoir de sénile ou de servile, avait quelque chose de jeune et de libre, presque d'insurgé et de révolutionnaire. C'était pour eux un procédé d'émancipation des règles usées, des ignorances banales et des superstitions surannées du dix-huitième siècle. Ils prétendaient bien moins ramener la France au moyen âge que l'affranchir de la tyrannie d'injustes dédains et de préjugés vulgaires.

Il n'est pas jusqu'à l'ultramontanisme de ces ardents champions de la foi qui ne fût pour eux, en un sens, une tentative et un signe d'affranchissement. Ils se révoltaient contre les traditions, à leurs yeux étroites et mesquines, de l'Église gallicane, comme d'autres, autour d'eux, partaient en guerre contre les traditions pseudo-classiques.

On rejetait les maximes de 1682 de même que les unités de l'ancien théâtre, et le joug de Bossuet avec celui de Boileau. On s'essayait à faire une sorte de renaissance catholique en remontant au moyen âge, comme, trois ou quatre siècles plus tôt, les humanistes avaient fait la renaissance païenne en remontant à l'antiquité ;

car, dans tous les domaines, un des procédés de rajeunissement de l'esprit humain, c'est d'opposer au passé de la veille un passé plus lointain.

Personne peut-être, dans la première moitié du dix-neuvième siècle, n'a plus aimé le moyen âge et ne l'a mieux compris que le jeune chef du nouveau parti catholique, Montalembert. Son introduction à la *Vie de sainte Élisabeth de Hongrie,* sorte d'idylle chrétienne, tout embaumée du parfum des gothiques légendes, est un hymne en l'honneur de l'art et de la poésie du treizième siècle. On sait qu'il fut, avec Victor Hugo, l'un des restaurateurs du goût de l'architecture ogivale, comme l'un des plus ardents défenseurs de nos antiquités nationales contre la pioche des bandes noires [1]. Mais, jusque chez ce fils des croisés, alors même qu'il lui semblait « être exilé » au sein de notre société, le vif sentiment de l'art naïf et mystique du passé n'étouffait point les besoins et les aspirations de l'homme moderne, épris des luttes viriles de la parole et de la plume.

---

[1] Voyez le *Vandalisme dans l'art,* lettre de Montalembert à Victor Hugo. L'importance du rôle de Montalembert, à cet égard, nous semble avoir été fort bien remise en lumière par M. Léon Gautier dans son introduction à l'édition illustrée de la *Vie de sainte Élisabeth de Hongrie.*

Une des choses, du reste, que Montalembert, Ozanam et leurs amis estimaient le plus dans le moyen âge, c'étaient ses vieilles libertés, qu'ils se faisaient un devoir de déterrer sous les épais décombres de l'absolutisme royal. Ils songeaient si peu à restaurer ces siècles de ténèbres, trop dédaignés des uns, trop admirés des autres, que, dans leur première jeunesse, à l'*Avenir*, Lacordaire et Montalembert en prétendaient détruire les derniers restes par la séparation de l'Église et de l'État. Alors même qu'ils revinrent de ces idées extrêmes, ils se piquèrent toujours de ne réclamer pour l'Église que la liberté, ce qui était la négation formelle des vieilles traditions et des notions mêmes du passé[1].

Voir dans l'école catholique de 1830 une tentative déguisée de retour au moyen âge serait

[1] « Le gouvernement représentatif, écrivait Montalembert, est né au moyen âge. Il est né de la combinaison naturelle des éléments qui constituaient la société à cette époque... Peut-on ressusciter les forces qui contenaient alors le despotisme ? Non, car la Révolution en a fait table rase, en détruisant tous les droits héréditaires et toutes les corporations, depuis longtemps minées, dénaturées et annulées par la monarchie triomphante. Et quand même on le pourrait, le voudrait-on ? Non, car ce serait reconstituer une société aristocratique, tout un ensemble de supériorités hiérarchiques et patrimoniales, chose qui répugne entre toutes à l'esprit moderne de la France. » *Des intérêts catholiques au dix-neuvième siècle,* ch. viii.

aussi faux que de n'y voir qu'une sorte de romantisme religieux. Chez ses premiers initiateurs, ce libéralisme catholique venait plus du cœur que de l'imagination, mais non moins de la tête que du cœur. Ce n'était pas seulement pour eux une affaire de sentiment, ni encore moins une affaire de tactique ; ils étaient avant tout guidés par une nouvelle vue des besoins et des intérêts de l'Église, par la conscience des dangers que lui faisait courir la solidarité, tant prônée, du trône et de l'autel. Ils sentaient impérieusement l'urgence de réagir contre les spécieuses théories consacrées par les noms de Bonald et de Maistre.

L'écroulement de la monarchie légitime, les éclats qui en étaient retombés sur l'Église et sur le clergé, leur avaient bruyamment révélé les périls de toute intimité du sacerdoce avec les princes et les rois. En face du pillage de l'Archevêché et du sac de Saint-Germain l'Auxerrois, les plus clairvoyants des catholiques avaient senti la nécessité de dénoncer les vieilles et compromettantes alliances, de séparer hautement les intérêts de la religion de ceux de la légitimité et de l'absolutisme monarchique ; en un mot, selon l'expression de l'un d'eux, de « dégager la cause catholique de toute solidarité temporelle, de toute alliance politique[1] ».

Telle fut la mission que se donnèrent, en 1830, La Mennais et ses jeunes disciples; tels furent le programme et le but de l'*Avenir*, et si, depuis, le clergé et les représentants attitrés des catholiques s'en sont écartés, ils n'ont guère eu à s'en féliciter. Dans cette entreprise hardie, les rédacteurs de l'*Avenir* ne s'arrêtèrent pas aux nécessités du moment; mais, à travers la fougue de leur polémique et en dépit même de leurs exagérations, ils déployèrent une singulière intelligence des temps nouveaux. Ils eurent, sur la situation de l'Église et le rôle de la religion dans le monde moderne, sur les conditions de son existence et de son activité, des clartés dont leurs fautes et leurs imprudences ne sauraient obscurcir l'éclat. Les premiers ils comprirent que, pour l'Église, la voie la plus sûre, comme la plus honorable, était de renoncer à jamais à l'appui du bras séculier pour « demander aux forces morales indépendantes ce qu'elle ne pouvait plus attendre d'une politique qui avait failli l'engloutir en s'abîmant si près d'elle[2] ».

<hr>

[1] MONTALEMBERT, Avant-propos de ses OEuvres, page 17.
[2] M. DE FALLOUX, *le Parti catholique,* imprimé dans le t. Ier de ses *Discours et mélanges politiques.*

CHAPITRE V

Le grand promoteur de ce mouvement, le plus remarquable qui ait agité les catholiques depuis la Révolution, fut l'abbé Félicité de La Mennais [1]. C'était alors l'homme le plus influent du clergé français, ou mieux du clergé catholique. Aucune autorité, en dehors de Rome, n'eût pu balancer la sienne. La liberté, nouvelle venue chez eux,

---

[1] Nous écrivons ce nom comme l'écrivait alors le futur auteur des *Paroles d'un croyant*, avant qu'il eût imaginé de signer Lamennais.

n'eût pu se présenter aux fidèles sous un plus puissant patronage. Par une rencontre peut-être inexplicable à toute autre époque et avec tout autre homme, le prêtre qui se chargeait de l'introduire au milieu des catholiques passait, aux yeux de tous, pour un de ses adversaires déclarés. Des deux tâches auxquelles son génie s'était jusque-là consacré, aucune ne paraissait appeler l'auteur de l'*Essai sur l'indifférence* à une pareille entreprise ; ni l'apologiste de la foi contre la raison, ni l'apôtre de l'ultramontanisme contre les tendances gallicanes ne semblait préparé à cette nouvelle vocation. On l'eût cru voué en toutes choses au culte de l'autorité.

Homme d'initiative avant tout, prédestiné par tempérament à frayer des routes en sens divers, La Mennais a eu la rare et périlleuse fortune d'être à la fois et presque simultanément le principal propagateur de l'ultramontanisme religieux et du libéralisme politique parmi les catholiques de France et du nord des Alpes. De lui, de son agreste domaine breton de la Chesnaie, sont sortis les deux courants qui, depuis plus d'un demi-siècle, se disputent les catholiques, pareils à deux fleuves descendus de la même montagne, qui, en s'écartant de leur source, couleraient en sens inverse.

Chez le La Mennais de 1830 et chez ses amis, le libéralisme politique et l'ultramontanisme théologique, loin d'être en opposition, allaient de front, s'appuyant mutuellement, l'un confiné dans l'ordre temporel, l'autre dans l'ordre spirituel. Le libéralisme de La Mennais provenait même en partie de son ultramontanisme; il lui avait d'abord été suggéré par les résistances opposées à sa propagande ultramontaine, par ses colères contre les préférences gallicanes de la royauté et des ministres de la Restauration.

Après avoir préconisé en politique, au profit de la monarchie légitime, les principes absolus qu'il soutenait en religion au profit de la papauté, il s'était peu à peu détaché du royalisme et des Bourbons; il avait distingué la sphère de la foi de la sphère des intérêts temporels et découvert qu'il n'était pas obligé d'appliquer à toutes deux les mêmes solutions. Par défiance des princes et des gouvernements, peut-être aussi par un vague sentiment de la secrète rivalité des deux pouvoirs, alors même qu'ils semblent le plus intimement associés, le chef de l'ultramontanisme s'était, à la grande surprise de ses admirateurs, brusquement retourné vers la liberté.

Toujours est-il que, pour commencer cette évolution, l'ancien rédacteur du *Drapeau blanc* et des feuilles royalistes les plus outrées n'avait pas attendu l'exil des Bourbons et le renversement du trône dont il avait fait longtemps le soutien de la religion. Cet esprit impérieux inclina vers le libéralisme dès que l'autorité civile lui parut un obstacle à ses principes et à ses vues. Ce changement d'attitude est déjà nettement marqué dans un opuscule de 1829 : *Du progrès de la Révolution et de la guerre contre l'Église,* brochure inspirée par les ordonnances royales de 1828 contre les Jésuites et leurs colléges.

S'il se rejetait ainsi vers la liberté, s'il se décidait à en appeler à la Charte et au droit commun, c'est que, en face des prohibitions du pouvoir, il y avait découvert l'unique moyen de défendre les congrégations religieuses et le droit de l'Église à enseigner. Ce premier pas, dans une voie déjà suspecte, était d'autant plus significatif et plus méritoire, que les Jésuites s'étaient montrés des adversaires décidés de la philosophie de La Mennais, revendiquant contre le solitaire de la Chesnaie l'autorité de la raison, comme autrefois ils avaient maintenu contre Port-Royal les droits du libre arbitre.

« Nous demandons, écrivait La Mennais dès 1829, nous demandons pour l'Église catholique la liberté promise par la Charte à toutes les religions, la liberté dont jouissent les protestants, les juifs, dont jouiraient les sectateurs de Mahomet ou de Bouddha, s'il en existait en France... Nous demandons la liberté de conscience, la liberté de la presse, la liberté de l'éducation, et c'est là ce que demandent comme nous les Belges, opprimés par un gouvernement persécuteur [1]. »

N'y avait-il pas là en germe tout le programme qu'il allait un peu plus tard exposer dans l'*Avenir*, sous un titre indiquant sa foi dans le règne prochain de la liberté? Chez un esprit naturellement aussi systématique, le changement d'attitude provoqué par les circonstances et les besoins de la polémique ne pouvait manquer d'être bientôt érigé en doctrine.

La correspondance intime de La Mennais, vers la fin de la Restauration, nous fait assister à la même métamorphose. Avec cette singulière faculté d'oubli de ses convictions de la veille, qui était un des traits distinctifs de ce génie incomplet, il appelle déjà, dans ses lettres, le royalisme une maladie. Un autre jour, il écrit cette phrase, qui eût pu servir d'épigraphe à ses manifestes de l'*Avenir* : « On tremble devant le libéralisme : catholicisez-le, et la société renaîtra [2]. »

<hr>

[1] *Du progrès de la Révolution et de la guerre contre l'Église.*
[2] Lettre du 30 janvier 1829.

Lorsque survint la révolution de juillet 1830, le bruyant apôtre de l'ultramontanisme français était tout prêt pour sa nouvelle mission. On comprend que, dès le mois d'août, il ait pu lancer le retentissant prospectus de l'*Avenir*. Le brusque effondrement de la monarchie légitime avait achevé sa conversion au libéralisme et fixé ses idées. Les défiances du nouveau gouvernement envers la religion, les colères populaires contre l'Église devaient le confirmer dans ses récentes convictions et y gagner d'autres catholiques à sa suite. Ces vues, nouvelles dans le clergé, qui, la veille encore, s'en serait presque scandalisé, avaient l'avantage d'arriver à leur heure, à un moment où les événements semblaient conspirer en leur faveur. Dans le désarroi des catholiques, au lendemain d'une révolution qui les laissait isolés entre un pouvoir malveillant et un peuple hostile, la voix de La Mennais était sûre de trouver un écho et ses idées de faire des prosélytes.

Ce même été de 1830, un jeune homme qui avait quitté le barreau pour le séminaire de Saint-Sulpice, l'abbé Lacordaire, déjà tourmenté de vagues aspirations libérales, se disposait à partir comme missionnaire pour la « libre Amérique ». Retenu en Europe par la révolution de Juillet, le jeune prêtre bourguignon, encore inconnu, concevait de son côté l'idée de transplanter chez nous ces libertés religieuses transatlantiques, qu'au déclin de sa vie il devait, trente ans plus tard, célébrer à l'Académie française dans son dernier discours public. Lui non plus n'avait pas attendu la chute des Bourbons pour s'abandonner à de pareils rêves. Quelques jours avant la révolution, il écrivait à l'un de ses amis que La Mennais, dont il avait voulu emporter en voyage la bénédiction, serait en France le fondateur de la liberté chrétienne à l'américaine. Déjà il déclarait que le principal souci des catholiques devait être d'arracher l'Église « à l'état d'engrènement » où elle est chez nous, « pour la mettre dans l'état d'indépendance absolue où elle est en Amérique [1] ». C'était bien là anticiper sur le programme de l'*Avenir* dans ce qu'il allait avoir de plus hardi ; et déjà, pour cette grande œuvre, Lacordaire saluait dans La Mennais le prochain libérateur, le futur « O'Connell » des catholiques français [2].

Les antécédents de La Mennais, sa philosophie qui niait la raison individuelle, ses doctrines théo-

----

[1] Lettres du 2 et 19 juillet 1830.
[2] FOISSET, *Vie du P. Lacordaire*, t. I.

cratiques, semblaient l'avoir mal préparé à une
pareille mission ; mais il est des rôles pour lesquels on est plus fait par le caractère que par les
idées. Personne, à cet égard, dans le clergé ou
parmi les laïques, n'était plus propre à une telle
initiative, plus capable de briser avec les erre-
ments du passé, avec les traditions et les préjugés d'un clergé élevé dans le respect de la dynastie déchue et dans la défiance de la liberté.
Aucune main ne pouvait avoir moins d'hésitation
ou de scrupules à trancher des liens séculaires
sans se laisser attendrir par la communauté
d'anciennes luttes et de récentes affections. Aucune main, en revanche, n'était moins propre
à panser les inévitables et douloureuses bles-
sures laissées, dans le clergé et dans l'Église, par
un pareil déchirement. Aussi La Mennais ne devait-il accomplir que la moitié de la tâche qu'il
avait entreprise et l'abandonner sans avoir su
l'achever. La conciliation de l'Église et des libertés modernes, dont il proclamait la nécessité, ce
ne pouvait être à des violents, à des emportés
comme lui de l'effectuer.

Esprit tourmenté et superbe qui a traversé
toutes les idées et les doctrines, s'éprenant
avec une égale passion des plus contraires et
apportant à leur défense la même logique hau-

taine ; sceptique inconscient, altéré de certitude, et dogmatique à outrance, s'attachant avec d'autant plus d'énergie aux vérités qu'il voyait luire devant lui qu'il ne découvrait tout autour que doutes et ténèbres ; âme impérieuse, visiblement faite pour commander, qui ne sut former d'école que pour perdre tous ses disciples par ses inconséquences ; nature nerveuse et fiévreuse, empreinte d'un pessimisme involontaire et d'une misanthropie innée, à tout âge mécontente des choses et des hommes [1], qui peut-être ne s'éprit autant de la liberté que par dégoût des gouvernants et des représentants de l'autorité ; ce sombre génie, qui bataillait pour la liberté, d'un ton aussi arrogant que naguère pour l'absolutisme, était fait pour compromettre par ses excès, par sa roideur et sa rudesse, toutes les causes qu'il devait successivement servir, les causes surtout, comme celles de l'Église, qui demandent avant tout de la douceur, de la patience, de la mesure.

C'est pourtant ce singulier catholique breton, qui fit sa première communion à vingt-deux ans, ce prêtre indiscipliné, sans vocation ni esprit sa-

---

[1] Voyez la *Correspondance* de La Mennais à différentes époques.

cerdotal, ordonné malgré lui à trente-quatre ans
et le déplorant le lendemain [1] ; c'est ce contempteur de la raison humaine et cet apologiste de
l'autocratie papale, qui, le premier, à travers ses
rêves théocratiques, a nettement aperçu les conditions nouvelles que font à la religion la société
moderne et la démocratie.

Tel reste, à cinquante ans de distance, le vrai
titre de gloire de La Mennais. Dans un âge où
tant d'idées s'entre-croisent que leur sillage se
confond et est bien vite effacé de la surface agitée
du siècle, alors que l'action des plus énergiques
et la parole des plus éloquents se perdent avec
tant de rapidité, si ce remueur d'idées a laissé
sur son temps quelque trace durable, c'est par
l'*Avenir*, c'est par l'école qu'il a désertée et
reniée après l'avoir, dès l'origine, discréditée
par ses violences et ses intempérances de langage.

Cette tâche, dont les difficultés devaient si vite
le rebuter, La Mennais ne l'avait pas affrontée
seul. Si l'âge et le prestige de la renommée lui
en donnèrent l'initiative, il en partagea l'honneur
avec des hommes plus jeunes et plus fidèles à
leur commune mission, avec d'illustres jeunes

---

[1] Voyez ses lettres à son frère et à sa sœur en 1815 et 1816.

gens que l'on devait à tort appeler ses disciples, mais qui, en fait, furent plutôt ses associés et ses compagnons d'armes.

Les deux plus célèbres, Lacordaire et Montalembert, eurent à l'œuvre commune une part non moins grande que La Mennais. C'étaient eux, Lacordaire surtout, qui à l'*Avenir* « faisaient chaque jour le numéro [1] ». Alors âgés, le premier de vingt-huit ans, le second de vingt ans, ils étaient jusque-là demeurés également étrangers aux travaux et aux vues de l'auteur de l'*Essai sur l'indifférence*. Ils n'appartenaient ni l'un ni l'autre à ce qu'on nommait alors l'école menaisienne. Ils n'étaient pas, comme leurs aînés Gerbet ou Salinis, par exemple, des élèves du maître, des adeptes de sa brillante et irrationnelle philosophie [2]. Ils n'étaient pas non plus, comme Gerbet ou Salinis, temporairement ralliés au libéralisme par l'influence du maître et prêts à oublier la liberté une fois rendus à eux-mêmes. Lacordaire et Montalembert étaient venus à La Mennais, des deux pôles opposés de la société

---

[1] FOISSET, *Vie du P. Lacordaire.*

[2] Lacordaire écrivait le 7 juin 1825 : « Je n'aime ni le système de M. de La Mennais, que je crois faux, ni ses opinions politiques, que je trouve exagérées. » Voy. le *Père Lacordaire,* par MONTALEMBERT, p. 12.

française, lorsque, changeant presque subite-
ment de front, le grand polémiste prit pour mot
d'ordre : Dieu et liberté [1]. Tous deux, attirés par
ce double cri qui répondait aux secrets besoins
de leurs âmes ardentes, étaient accourus au
prêtre breton pour l'aider dans une œuvre que,
sans lui, ils eussent tôt ou tard entreprise seuls,
comme seuls ils allaient bientôt la reprendre
sans lui et contre lui [2].

Quelle était, en 1830, la nouveauté de l'enseignement de l'*Avenir?* C'est que, dans la société moderne, l'Église ne peut plus revendiquer
la liberté à titre de privilége, au nom de ses tra-

[1] Épigraphe de l'*Avenir.*

[2] L'attitude des deux amis depuis lors, leurs lettres mêmes
dès cette époque ne nous laissent aucun doute à cet égard.
Montalembert, dès avant 1830, exprimait chaudement ses sympathies pour les idées des libéraux du *Globe,* alors peut-être
les seuls conséquents dans leur libéralisme. « Quel magnifique
article il y a dans le *Globe* du 10 juin sur la liberté religieuse ! »
écrivait-il de Stockholm le 26 juin 1829. Deux années plus tôt,
à dix-sept ans, il avait fait avec l'un de ses amis du même âge
le vœu de demeurer toujours fidèle à la religion et à la liberté.
« La liberté sera notre seule passion, était-il dit dans ce singulier pacte; nous ne cesserons jamais de travailler pour l'établir et la consolider dans notre patrie : nul sacrifice ne nous
coûtera quand il s'agira de la défendre. S'il lui faut des martyrs, une pareille mort sera pour nous une récompense. » Voy.
l'abbé RICARD, *l'École menaisienne : Montalembert.* — Quant
à Lacordaire, plus âgé, il serait facile de citer des textes non
moins catégoriques. Voyez plus haut, p. 84.

ditions et de sa mission divine, mais seulement comme sa part dans le patrimoine commun des libertés publiques. Cette vue, alors aussi hardie que profonde, le philosophe théocrate de l'*Essai sur l'indifférence* la devait moins à l'une de ces sourdes évolutions intérieures dont il était coutumier qu'aux suggestions du dehors, au spectacle offert par la France et par l'Europe de 1830.

Tandis qu'en France les colères populaires, déchaînées contre l'Église, obligeaient le clergé des grandes villes à renoncer au costume ecclésiastique, des pays voisins, étroitement apparentés à la France par la race, la langue ou les mœurs, la Belgique et l'Irlande, fournissaient en quelque sorte la contre-épreuve de ce qui se passait chez nous, montrant quelles peuvent être la puissance de l'Église et la popularité du clergé, là où, loin de paraître inféodés au pouvoir, ils font cause commune avec le peuple et avec la liberté.

Cette double leçon, donnée bruyamment par les faits, La Mennais et ses amis en tirèrent dès le premier jour toutes les conséquences, allant résolûment jusqu'au bout de leurs idées. Révoltés contre cette alliance surannée des deux pouvoirs qui faisait retomber sur la croix les haines suscitées par les fleurs de lys, ils s'étaient promis de soustraire l'Église à cette sorte de supplice de Mézence, de la détacher aux yeux des peuples du cadavre de la royauté à laquelle, depuis la Restauration, elle semblait enchaînée. Non contents de briser les liens du clergé et de la dynastie déchue, ils se donnaient pour mission de rompre à jamais l'indécente union du sacré et du profane, du temporel et du spirituel, de séparer la cause du catholicisme de celle de tous ses fragiles appuis terrestres.

La Mennais ne s'arrêtait pas là; de son œil d'aigle il embrassait l'intérêt de la société civile aussi bien que l'intérêt de la religion. Plongeant du premier regard au fond du problème, devançant Tocqueville, qui allait bientôt rapporter de l'Amérique des vues analogues, il aperçoit dans le divorce de l'Église et de la société, du christianisme et de la liberté, le principe secret des stériles révolutions dont la frêle monarchie de Juillet avait la présomption de prétendre marquer le terme. En unissant la cause de la religion à celle de la liberté, La Mennais se flattait de préparer le triomphe durable et pacifique de celle-ci. Ces hautes et fortes pensées, tant de fois et si vainement reprises depuis, l'*Avenir* les formule en termes magnifiques que n'ont jamais surpassés ni les chrétiens désireux de réconcilier la foi avec la société, ni les philosophes anxieux de voir la liberté politique privée chez nous de sa base la plus solide ou de son frein le plus efficace, le sentiment religieux.

Quel admirable début que les premières pages de l'*Avenir,* et quel journal a jamais tenu à notre siècle un plus noble langage! Debout sur le vaste champ de ruines accumulées en moins d'une génération, entouré des décombres de tant de régimes écroulés, monarchie absolue, république, directoire, empire, monarchie selon la Charte, le solitaire à la langue biblique cherche ce qui, à travers tous ces bouleversements, survit au fond du cœur des hommes, et il y découvre deux choses seulement : Dieu et la liberté. « Unissez-les, s'écriait-il, tous les besoins intimes et permanents de la nature humaine sont satisfaits; séparez-les, le trouble aussitôt commence et va en croissant jusqu'à ce que leur union s'opère de nouveau [1]. » A l'entendre (et combien de voix orthodoxes ou non nous ont depuis cinquante ans renvoyé l'écho de pareils regrets!), la cause fondamentale des commotions de nos vieilles sociétés chrétiennes, de la France en particulier, c'est

---

[1] *Avenir* du 11 octobre 1830.

qu'un concours de circonstances « qu'on ne déplorera jamais assez a mis momentanément en opposition la religion et la liberté, deux choses qui ne peuvent plus vivre l'une sans l'autre ».

Et d'où ce divorce? pourquoi les hommes s'effrayent-ils de Dieu? C'est qu'ils trouvent la servitude près de l'autel; c'est que, aux yeux des peuples, le catholicisme et le clergé asservis se sont rendus complices des pouvoirs qui avaient planté leur tente sur les débris de la liberté. De là, d'après La Mennais, les colères passionnées du dix-huitième siècle et les violences de la révolution contre la religion. De là les défiances des peuples pour le christianisme, dans lequel ils ne voient qu'un instrument d'esclavage, et, par un inévitable retour, les défiances des catholiques pour tout ce qui se présente au nom de la liberté, nom qui réveille en eux trop de pénibles souvenirs et se confond dans leur esprit avec la haine du christianisme.

La tâche ainsi comprise était grandiose, le problème bien posé. Il s'agissait, avant tout, de détruire les préjugés de part et d'autre, de prouver aux libéraux que le catholicisme n'avait rien d'incompatible avec la liberté, et aux catholiques que la liberté suffisait à tous les besoins de la religion. La démonstration de *l'Avenir* était éloquente, le langage de La Mennais et de ses jeunes amis entraînant, l'heure propice. Parmi les catholiques désabusés par les déceptions de 1830, dans le jeune clergé surtout, ces séduisantes doctrines trouvaient faveur.

Les exemples du dehors, les mouvements des peuples et les révolutions même semblaient apporter aux thèses de l'*Avenir* l'appui retentissant et irréfutable des faits. Aux hésitants La Mennais montrait la Belgique, l'Irlande, la Pologne, où la cause de l'Église se confondait avec celle des libertés nationales ; la Belgique, où une révolution, entreprise au nom des libertés publiques, était en train d'affranchir la religion en même temps que le pays ; l'Irlande, où, pour conquérir l'émancipation des catholiques [1], O'Connell, alors l'athlète le plus populaire de la foi, le Samson de l'Église opprimée, n'avait demandé d'autres armes que la presse libre et la libre parole. Quels arguments que de tels exemples pour un pareil polémiste ! L'Irlande et la Belgique exerçaient sur la jeunesse catholique une influence qui se prolongea durant tout le règne de Louis-Philippe. Elles valurent à l'*Avenir* une bonne part de sa popularité, et à La Mennais plusieurs de ses plus

---

[1] Le vote du bill d'émancipation est de 1829.

illustres disciples, Montalembert notamment. C'est du fond de l'Irlande, en quittant O'Connell, dont il devait plus tard être appelé le pupille, que Montalembert, encore mineur, accourait se ranger autour de La Mennais, et ses premiers articles de l'*Avenir* étaient un appel en faveur de l'Irlande et de la Pologne.

Dans son ardeur pour la cause des peuples catholiques opprimés, l'*Avenir* inclinait à la politique de la gauche, à la politique de guerre et d'émancipation des nationalités [1]. Ce n'était pas là sa seule témérité, ni le seul point par lequel il confinât aux idées des révolutionnaires. Une fois lancé sur la pente du libéralisme, La Mennais n'était pas homme à s'arrêter en chemin. Ici comme toujours, une sorte d'aveugle logique devait l'entraîner jusqu'aux extrémités des thèses qu'il avait embrassées.

Dès qu'il se mit à contempler le champ confus de la politique, son œil de prophète et de voyant involontaire aperçut promptement qu'en face des monarchies vieillies, l'avenir était à la démocratie. Ce fut une de ses vues, et en cela il vit plus juste et plus loin que tous ses élèves, Lacordaire

---

[1] Montalembert à la Chambre des pairs devait rester fidèle à la politique de nationalité.

excepté; mais, en découvrant du haut de son Sinaï les prochaines et menaçantes destinées de la démocratie, au lieu de s'en montrer effrayé, il se prit à les célébrer et à les bénir; il ne comprit pas qu'en précipiter la marche et en hâter le déchaînement ne pouvait être qu'une souveraine imprudence politique et religieuse. Non content d'opposer, par la plume de Montalembert, la légitimité des peuples à la légitimité des rois [1], non content de faire résonner aux oreilles des foules la retentissante et équivoque formule de la souveraineté du peuple, il demandait, dès 1830, que la franchise électorale fût « étendue aux masses »; il se plaisait à exposer le droit d'insurrection, à peser ce qu'on a appelé les cas de conscience de l'émeute. Déjà sous le prêtre perçait le démagogue.

Encore tout cela n'était-il que de la politique; mais bientôt, témérité suprême de la part de catholiques à une pareille époque, La Mennais, et avec lui Lacordaire et Montalembert, n'hésitaient pas à demander la résiliation du concordat, la séparation totale de l'Église et de l'État. Ils sentaient ce que d'autres ont eu le tort de mécon-

---

[1] *Avenir*, article du 16 mars 1831, intitulé : *A ceux qui aiment ce qui fut*, c'est-à-dire aux légitimistes.

naître, que l'Église et ses ministres ne sauraient jouir devant l'État de certaines prérogatives sans les payer de certaines charges. Ils sentaient que, pour pouvoir partout et toujours revendiquer la liberté, il faut ne se prévaloir que du droit commun, et, dans leur confiance en la liberté, ils offraient de lui sacrifier les derniers priviléges de l'Église et jusqu'à sa grande charte de 1801.

Ne reculant devant aucune des conséquences de ce droit commun, dans lequel ils voyaient le meilleur bouclier des libertés religieuses, ils appelaient de leurs vœux la suppression du salaire du clergé, qui « transforme le prêtre en fonctionnaire ». Quiconque est payé, disaient-ils, dépend de qui le paye. L'État, à les entendre, avait pris la religion à ses gages pour chanter des psaumes, pour enterrer les morts et lui répondre *Amen*. A leurs yeux, la renonciation au budget des cultes était l'unique moyen d'émanciper pleinement l'Église, en enlevant la nomination des évêques « aux abatteurs de croix », l'unique moyen de rendre au clergé l'indépendance et la popularité, en le retrempant dans la pauvreté volontaire. Lacordaire, dans son juvénile désintéressement, allait jusqu'à engager le clergé à quitter ses vastes cathédrales, devenues « les temples de l'État », pour transporter ses autels dans les granges. Il le conviait à descendre, comme les douze pêcheurs, au milieu du peuple pour recommencer la conquête du monde[1].

Ici encore, La Mennais et ses amis ne faisaient peut-être qu'anticiper sur les temps. Leur témérité pouvait n'être qu'une prophétique clairvoyance. La séparation de l'Église et de l'État leur apparaissant déjà dans la fatale logique des choses, ils avaient le droit de se demander s'il ne valait pas mieux pour l'Église en prendre hardiment l'initiative et s'en donner l'honneur, renoncer d'elle-même aux avantages dont on la dépouillerait un jour et hâter spontanément une épreuve en réalité plus redoutable à l'État qu'à elle-même.

Les esprits, tels que La Mennais, qui habitent les hautes cimes, ont des vues de sommets. Il leur est souvent donné de distinguer dans les brumes du lointain ce que l'œil d'autrui ne découvre que de près ; mais alors même, ne pas faire la part des distances et des temps, oublier les transitions et l'éloignement des transformations qu'on voit surgir de loin, c'est se condamner au rôle de rêveur et d'utopiste. Pour l'Église

---

[1] « L'Église de France, écrivait Lacordaire, semblait perdue devant l'échafaud de Louis XVI ; Napoléon lui donna le pain, dont elle n'a jamais manqué, et lui refusa la liberté, qui est la seule chose qui lui soit nécessaire. »

du dix-neuvième siècle, au point de vue pratique, les conseils de l'*Avenir*, quand bien même ils n'eussent fait que devancer les âges, n'en étaient pas moins dangereux et en tout cas prématurés. Quelque séduisantes que lui apparussent de loin les libertés d'outre-mer, l'Église de France ne pouvait, sur la foi de tels pilotes, passer la Manche ou l'Atlantique.

Sur ce point, l'exemple de l'Irlande et des États-Unis était peu probant. Jamais l'Église catholique et l'État n'y avaient été attachés par des liens aussi étroits, aussi multiples qu'en France, ou dans la plupart des pays du continent. Pour assurer l'indépendance de l'Église, suffisait-il de briser les chaînes dont La Mennais exagérait le poids? N'était-il pas à craindre que, pour l'État, pour les adversaires de l'Église, la séparation ne fût qu'un prétexte à la spoliation? qu'une fois le concordat aboli et l'indemnité du clergé supprimée, l'Église se retrouvât exposée au joug de lois unilatérales, faites sans elle et peut-être contre elle, avec la servitude de la pauvreté en plus?

Si les catholiques belges, s'inspirant en partie des idées de l'*Avenir*, ont cherché à émanciper l'Église de toute tutelle du pouvoir civil, ils se sont gardés de renoncer à l'indemnité légitimement due au clergé en échange de ses biens confisqués. Ce que La Mennais et Lacordaire oubliaient, ce qu'ils eussent pu apprendre en traversant le pas de Calais ou l'Océan, c'est que, pour être vraiment libéral et équitable, pour porter des fruits de liberté, le divorce de l'Église et de l'État doit s'accomplir à une époque de calme, dans des pays accoutumés au respect de toutes les libertés, avec une législation sincèrement tutélaire du droit d'association, respectueuse des fondations et de toutes les formes de propriété, chose que possèdent les pays anglo-saxons, mais qui nous fera longtemps encore défaut. En dehors de là, ce qu'apporterait la séparation à l'Église, c'est la tyrannie et non la liberté.

Les doctrines de l'*Avenir*, ainsi mêlées de vues profondes et de téméraires conseils, étaient trop étranges et trop risquées pour ne pas choquer une grande partie des fidèles, du clergé, de l'épiscopat, d'autant qu'aux témérités des idées s'ajoutaient chez lui celles du langage. La Mennais était trop impérieux pour que, sous sa plume, la forme couvrît le fond et en dissimulât les aspérités ; il avait trop de confiance en ses propres lumières et en sa dialectique, pour s'incliner devant les répugnances des évêques. A la désapprobation presque unanime d'un haut clergé demeuré gallican, La Mennais, qui continuait à combattre pour l'ultramon-

tanisme en même temps que pour la liberté politique, prétendit opposer la suprême puissance
devant laquelle il voulait tout courber, le Pape.
Pour se leurrer d'un pareil rêve, pour espérer en
faveur de leurs doctrines la sanction formelle de
Rome, il fallait des esprits aussi peu pratiques
que La Mennais ou aussi inexpérimentés que ses
jeunes amis [1].

La polémique de l'*Avenir* ne pouvait plaire au
Vatican. En dehors de sa répulsion pour les nouveautés et de son naturel penchant pour le principe d'autorité, la cour papale, en butte aux attaques des libéraux d'Italie, ne pouvait voir dans
les appels de La Mennais à la liberté et à la démocratie qu'un encouragement aux révolutionnaires
italiens et aux insurrections contre le Saint-Siége.
Par ce seul fait, les catholiques libéraux susci-
taient déjà des défiances que tout leur dévouement
à la monarchie temporelle des Papes ne devait
jamais entièrement dissiper. Néanmoins le Vatican répugnait à désavouer un homme regardé
comme le premier apologiste de la foi, et une doctrine qui, en France, en Belgique, en Pologne,
en Allemagne même, éveillait de nombreuses

---

[1] La première idée de cet appel et de ce voyage à Rome
était venue de Lacordaire ; mais La Mennais l'avait embrassée
avec sa fougue habituelle.

6.

sympathies. Si La Mennais fut condamné, c'est qu'il exigea un jugement.

Fort du silence de Rome, il eût pu se retrancher derrière le *In dubiis libertas*. Il n'y consentit point, il ne craignit pas de forcer la papauté à se prononcer entre ses adversaires et lui. Le présomptueux vint à Rome sommer le Saint-Siége de parler, et, sourd à tous les avertissements, il refusa de partir avant que le Pape se fût expliqué. La réponse de Grégoire XVI fut l'encyclique *Mirari vos,* qui, sans nommer La Mennais, condamnait l'*Avenir*.

Les libertés que la feuille catholique exaltait comme un gage de rénovation religieuse, Grégoire XVI, dans son rude langage théologique, les flétrissait « comme des erreurs absurdes, ou mieux, comme un délire ». Toutes les libertés modernes en paraissaient atteintes ; la cour de Rome semblait leur avoir jeté un anathème que, trente ans plus tard, devait renouveler Pie IX. On sait quelles en furent les conséquences pour les personnes, pour ceux qui en venant au tombeau des Apôtres s'intitulaient les « pèlerins de la liberté ». La Mennais, un rebelle de tempérament, un démagogue inconscient, rétractait bientôt une soumission qu'il avait promise d'avance. Lacordaire, le plus humble et le plus docile, abattu et

résigné, voyait, selon son expression, « tout
crouler autour de lui » ; il avait peine à se soustraire au désespoir et rêvait à partir pour l'Amérique ou à se faire curé de campagne[1]. Montalembert, incertain durant trois ans, s'obstinant
dans une fidélité désintéressée, « moins peut-
être à la personne de l'apôtre déchu qu'à la
grande idée qui semblait ensevelie dans sa
chute », ne s'arrêtait qu'au bord de la révolte.

Tous deux, Lacordaire et Montalembert,
avaient assisté à la ruine de l'œuvre de leur jeunesse. L'un à trente ans, l'autre à vingt-deux, ils
pouvaient croire leur vie manquée, leur cause à
jamais perdue. Et cependant, moins par leur
propre penchant que sous la pression des circonstances, ils allaient bientôt rentrer en campagne
avec le mot d'ordre de l'*Avenir :* Dieu et liberté ;
et cette fois, ils allaient rallier autour d'eux la
plupart de leurs adversaires de la veille. Mais, en
dépit de leur prudence, en dépit de leurs succès
mêmes, ils devaient, selon la remarque d'un historien catholique, « souffrir jusqu'au dernier
jour du faux départ de 1830[2] ».

Le rapprochement de la foi et de la liberté,

---

[1] MONTALEMBERT, *Le Père Lacordaire.*
[2] M. THUREAU-DANGIN, *Histoire de la monarchie de Juillet.*

auquel ils avaient travaillé avec tant d'éclat, l'*Avenir*, par ses témérités, et La Mennais, par sa rébellion, n'avaient fait qu'y mettre un obstacle de plus. Non contents d'avoir échoué dans leur généreuse entreprise, ils l'avaient rendue singulièrement plus délicate et malaisée. De toute cette vaillante campagne en faveur de la liberté, il ne restait, pour les catholiques, que des défiances nouvelles et la défaveur qui s'attache à un désaveu de Rome.

CHAPITRE VI

Entre l'Église et les libertés modernes, l'encyclique *Mirari vos* semblait creuser un fossé infranchissable. En fait, l'événement devait montrer que le fossé n'était ni si large ni si profond qu'il le paraissait. Les encycliques pontificales n'ont pas toujours le sens et la portée que nous leur prêtons. Le théologien seul en entend bien la langue, et la théologie est une science pleine de ressources. Il en a été de cette sorte de *Syllabus* de Grégoire XVI comme, un tiers de siècle plus tard, du *Syllabus* de Pie IX. Les catholiques, jusque dans le réseau serré du dogme, gardent une faculté que l'infaillibilité du Pape ne leur a pas enlevée, la faculté d'interprétation, sauf soumission à l'Église. Cette liberté, le Saint-Siége, satisfait « d'avoir proclamé les principes », en laisse d'habitude user les fidèles, dans le domaine politico-ecclésiastique du moins. Si l'encyclique *Mirari vos* condamnait les libertés modernes, spécialement la liberté des cultes et la liberté de la presse, les catholiques enclins au libéralisme allaient bientôt trouver que les foudres du Vatican n'atteignaient pas la sphère politique positive, qu'elles éclataient dans la haute et sereine région des idées théoriques. Ce que, d'après eux, l'Église refusait d'admettre sous Grégoire XVI, en 1832, comme plus tard sous Pie IX, avec l'encyclique de 1864, c'est que ces libertés modernes, que la liberté des cultes et de la presse notamment, fussent un droit et un bien en soi ; mais rien ne défendait de les considérer comme la conséquence inévitable d'un certain état social, rien n'interdisait de les accepter et de les maintenir à ce titre.

Cette distinction de l'absolu et du relatif, ou, pour parler le langage de l'école, de la *thèse* et de l'*hypothèse* (distinction qu'en un jour de prudence l'*Avenir* lui-même avait eu soin d'établir), devait ouvrir aux catholiques libéraux une porte de sortie. Ce qu'ils ne pouvaient affirmer à un titre, ils étaient maitres de le soutenir à un autre. La campagne qu'ils ne pouvaient poursuivre sur le terrain des principes, ils demeuraient libres de la reprendre sur le terrain des faits. Si la base de leur revendication en semblait retrécie, il leur suffisait qu'elle fût orthodoxe.

Qu'importe, du reste, aux indifférents la manière dont un Montalembert ou un Lacordaire conciliaient leur obéissance à Rome avec leurs aspirations libérales? A sonder le fond des doctrines, on trouverait que, parmi les hommes qui reprochent le plus durement aux catholiques « ces subtilités », les accusant d'équivoques, beaucoup sont en réalité d'accord avec Rome dans leur notion de la liberté. Les révolutionnaires et l'extrème démocratie ont maintes fois prouvé qu'à leurs yeux la liberté n'était ni un droit ni un bien absolu. Le libéral par principes est rare, et plus rare encore celui qui conforme sa conduite à ses principes. Les théoriciens les plus convaincus de la liberté illimitée ne se sont-ils pas souvent, dans la pratique, révélés les ennemis ou les contempteurs des libertés essentielles, proclamant que le règne de la liberté ne devait commencer que lorsqu'elle n'aurait plus d'adversaires? S'il y a inconséquence de la part des catholiques qui se disent libéraux, cette inconséquence, contre laquelle ils protestent, nous semble en tout cas moins choquante que celle des prétendus libéraux qui, dans l'intérêt de leur pouvoir ou de leurs doctrines, refusent à leurs adversaires les libertés au nom desquelles ils prétendent les gouverner.

Comment, après 1832, les catholiques revinrent-ils si vite à la liberté, sur laquelle les exagérations, la condamnation et la désertion de La Mennais jetaient pour eux un triple discrédit? Ils y furent ramenés par les nécessités de l'Église, par les besoins et la tactique de sa défense. Ici encore on leur pouvait reprocher de voir dans la liberté moins un idéal qu'un expédient, moins un but qu'un moyen, et, pour tout dire, un *instrumentum regni*. Pour beaucoup, le reproche était fondé, mais ici encore étaient-ils seuls à le mériter? Aujourd'hui même ne pourraient-ils le renvoyer à nombre de leurs détracteurs? Et, si pour cela les catholiques devaient être taxés d'hypocrisie et de duplicité, combien de libéraux, combien de démocrates surtout, seraient obligés de se confesser du même péché!

Les deux plus vaillants compagnons d'armes de La Mennais, Montalembert et Lacordaire, une fois revenus de l'accablement de leur défaite, furent naturellement les premiers des catholiques à reprendre pour mot d'ordre la liberté. De la part de tous deux, du jeune pair de France et du futur orateur de Notre-Dame, ce retour à l'ancienne devise n'avait rien de surprenant; c'étaient l'un et l'autre des libéraux de tempérament. Tous deux étaient trop de leur temps et trop de leur âge, tous deux sentaient trop bouillonner en eux les sources chaudes de l'éloquence, pour ne pas souhaiter le règne de la liberté, qui semble de loin le règne de la plume et de la parole. Mais, jusque chez ces deux maîtres de la tribune et de la chaire, qui s'ignoraient eux-mêmes, cette ferveur nouvelle pour leur premier culte n'était pas simple affaire de caractère et d'éducation ; c'était autant affaire de conviction politique et religieuse [1].

Tous deux, le dernier héritier de la pairie française comme le restaurateur de l'Ordre de

---

[1] « Au temps de ma jeunesse, écrivait Lacordaire, dans ses derniers jours, je voulais, comme la plupart de mes contemporains, le triomphe définitif des principes de 89; mais la question libérale ne se présentait à moi qu'au point de vue de la patrie et de l'humanité. Quand je fus chrétien, mon libéralisme embrassa tout ensemble la France et l'Église, car je compris que l'Église avait besoin d'invoquer la liberté et de réclamer sa part du droit nouveau. » (*Testament du P. Lacordaire.*)

Saint-Dominique, étaient « des catholiques avant tout ». Si, quelques années à peine après la condamnation de l'*Avenir*, ils osaient, assagis par l'expérience et aguerris par le malheur, relever la bannière tombée des mains de La Mennais, c'était comme champions de l'Église qui avait désavoué La Mennais. C'était pour la mieux défendre qu'ils venaient se replacer sur le terrain dont elle semblait les avoir expulsés. Au milieu des conflits de nos sociétés modernes, leur œil ne pouvait découvrir de meilleur champ de bataille, et cela était si vrai que, sur ce terrain suspect, ils allaient voir se ranger derrière eux la grande majorité du clergé et de l'épiscopat. Des hommes fort différents de tendances et de tempérament, d'origine et d'éducation : laïques, prêtres, évêques, religieux, journalistes, allaient avec plus ou moins de décision s'engager sur ce vaste champ découvert de la liberté, le seul où, sous le régime électif, les milices de l'Église puissent évoluer à l'aise.

Rien de plus facile à comprendre, l'Église et le clergé étant au nombre des vaincus de juillet, le pouvoir étant passé en des mains hostiles ou indifférentes, les catholiques, privés de l'appui ou des complaisances du pouvoir, se voyaient contraints de revendiquer, au nom des libertés publiques et de la Charte, des droits et facultés qu'en d'autres temps la plupart d'entre eux eussent réclamés comme une part inaliénable de leur héritage historique, comme des prérogatives imprescriptibles de l'Église. L'État et la constitution leur interdisant de se prévaloir d'un droit particulier ou antérieur, d'une sorte de droit divin, les défenseurs de l'Église se réclamaient du droit commun, du droit naturel. Chassés des hauteurs privilégiées d'où ils avaient si longtemps régné, ils se reformaient en bataille et se retranchaient dans la plaine où ils avaient été refoulés par la Révolution.

Cette opération se fit sous l'impulsion et la direction de Montalembert. Ce fut sous ce jeune et brillant *leader* que s'organisa ce qu'on appela le parti catholique ; et, de fait, vers le milieu de la monarchie de Juillet, l'immense majorité des catholiques était d'accord avec Montalembert. A l'inverse de La Mennais, Montalembert s'était gardé de négliger les chefs hiérarchiques de l'Église. Il avait eu soin d'assurer à sa cause l'appui de leur autorité. C'était avec la bénédiction de l'épiscopat qu'il avait constitué, au nom des libertés religieuses, le nouveau parti catholique.

Malgré ces précautions, et quelque bien choisi que semblât le terrain adopté par son jeune

général, la formation d'un parti exclusivement
catholique, marchant au combat sous les pacifiques bannières de l'Église, n'était pas exempte
d'inconvénient pour la cause même de la religion. Montalembert et ses amis s'en devaient
apercevoir un jour. « Parti catholique, déplorable
mot ! » s'écriait plus tard Augustin Cochin, qui
eût voulu y substituer les « catholiques de tous les
partis ». Augustin Cochin avait trois fois raison.
N'était-il pas de mauvais exemple et de mauvaise
tactique de faire scission dans le pays, et de le
faire au nom de la religion qui s'attribue une
mission d'amour et de concorde? N'était-ce pas
abaisser et compromettre le nom de catholique
que de le convertir en enseigne de parti? n'était-
il pas imprudent de montrer à la France les catholiques comme ayant des aspirations ou des intérêts distincts des siens, comme disposés à subordonner le bien de l'État à leurs vues particulières?
et n'était-ce pas doublement une faute chez une
nation en grande majorité catholique?

On risquait, selon la remarque d'un des
anciens compagnons de La Mennais, l'abbé Gerbet, de se présenter comme minorité là où l'on
pouvait prétendre être majorité [1]. Chose plus

[1] THUREAU-DANGIN, *l'Église et l'État sous la monarchie de
Juillet,* p. 156-157.

grave encore, en se couvrant du nom de la religion, en la faisant pour ainsi dire descendre dans l'arène poudreuse des joutes politiques, ne l'exposait-on pas involontairement aux insultes et aux coups des combattants? ne courait-on pas le risque d'en faire le point de mire de ses adversaires et comme l'enjeu des luttes de partis? L'événement a depuis montré que les divisions politiques fondées sur les divergences religieuses ne sont bonnes ni pour la politique, ni pour la religion, qui toutes deux ont un égal intérêt à demeurer distinctes.

La création d'un parti catholique, sans autre étendard que celui de l'Église, ne pouvait être en France qu'un fait accidentel, anormal. Si Montalembert en prit l'initiative sous la monarchie de Juillet, c'était pour contraindre le gouvernement à compter avec les catholiques, et, pour cela, il semblait indispensable de séparer hautement les intérêts de la religion de ceux de la royauté déchue. C'était aussi qu'indifférent aux questions de forme et de dynasties, étranger aux intrigues et aux rivalités des partis qui se disputaient le pouvoir, le jeune pair de France se faisait honneur de se tenir en dehors et au-dessus d'eux. Il avait raison en un sens, tort dans un autre. Son erreur provenait d'une confusion entre les devoirs du clergé et les devoirs des laïques.

Montalembert avait raison en tant qu'il s'agissait de l'Église, de la hiérarchie, de l'épiscopat, du clergé de tout ordre. Pour ce dernier le plus sage était assurément de ne pas s'immiscer dans la politique courante. Il est rare que les ministres de l'Église aient eu à se louer d'être sortis de la réserve que leur vocation semble leur conseiller.

La séparation du spirituel et du temporel rend la société séculière plus susceptible, plus nerveuse qu'autrefois devant toute apparence d'intervention du clergé dans le domaine purement politique. Le pays est disposé à n'y voir qu'une sorte d'empiétement sur ses droits. Aussi le clergé a-t-il tout intérêt à ne se montrer ni royaliste, ni impérialiste, ni républicain. L'abstention ou la réserve en pareille matière sont pour lui un devoir de prudence, sinon un devoir de conscience.

Il en est autrement des laïques, des hommes étrangers aux ordres sacrés et voués à la vie publique. Ceux-là n'ont ni le devoir, ni le droit de se désintéresser des questions politiques ou de les reléguer ostensiblement au second plan. Le font-ils, c'est d'habitude au détriment de leur autorité, au risque de se voir accuser de sacrifier les intérêts de l'État aux intérêts de l'Église. Un parti sans autre programme que la défense de la religion s'identifie, aux yeux du public, avec le clergé dont il paraît n'être que le porte-parole; il se dénonce lui même aux suspicions du pays, jaloux de toute ingérence « cléricale ».

Cette difficulté, Montalembert et ses amis la devaient un jour durement ressentir. L'expérience leur devait révéler les inconvénients de ce rôle d'avocats patentés du clergé qu'ils avaient hardiment assumé sous Louis-Philippe. Aussi, dès que les circonstances changèrent, lorsque la révolution de 1848 eut brusquement renversé les cadres des anciens groupes politiques, Montalembert et ses lieutenants se gardèrent-ils de reformer un parti isolé, un parti confessionnel exclusivement catholique. Ils préférèrent se joindre à la grande armée des défenseurs de l'ordre, prendre place sur les bancs des nouveaux groupes parlementaires, issus de la révolution.

Tous les catholiques, il est vrai, ne devaient pas les imiter. Une fraction de leurs anciens amis devaient s'obstiner à l'isolement et demeurer cantonnés dans un camp strictement religieux. Le parti catholique, fondé sous Louis-Philippe par les libéraux et avec la liberté pour devise, les ennemis de toute liberté devaient s'efforcer de le maintenir à leur profit. Ils devaient s'emparer de sa direction pour le retourner contre les idées au nom desquelles il avait été créé. Ils devaient lui donner un caractère plus exclusif, plus agressif, et, pour tout dire d'un mot, plus sectaire.

Cette évolution, qui en devait si cruellement attrister les anciens chefs, il était difficile à un parti strictement religieux de toujours y échapper. Par sa composition, par sa dénomination même, un pareil groupe était menacé de tomber tôt ou tard sous la direction des esprits outrés et des âmes intolérantes. C'était là un danger que Montalembert et ses amis n'avaient pas prévu. En constituant un parti exclusivement confessionel, en affectant de s'intituler catholiques avant tout, ils risquaient d'introduire à leurs dépens, dans la politique, la théologie, pour ne pas dire la casuistique, sous le couvert de la religion. En entrant dans les Chambres comme défenseurs attitrés de l'Église, ils s'obligeaient à demeurer toujours d'accord avec les interprètes plus ou moins éclairés et plus ou moins autorisés des doctrines ecclésiastiques. Ils se condamnaient à voir leurs opinions, leurs discours, leurs votes, relevés par des dévots ignorants, cités au tribunal de juges incompétents, réprouvés au nom des principes par des docteurs de circonstance. Ils se plaçaient en quelque sorte sous la férule des théologiens de rencontre et la censure hargneuse d'aveugles illuminés. Situation singulièrement délicate pour des hommes politiques dont le premier besoin est de paraître indépendants et le second de garder la liberté de leurs mouvements. Le titre même donné par eux à leur parti était une entrave qui tôt ou tard devait gêner leur marche. Aussi eussent-ils sans doute été plus libres et en même temps plus puissants, si, avec la même foi dans le cœur, ils se fussent simplement présentés en défenseurs des libertés honnêtes; s'ils se fussent tout bonnement intitulés libéraux ou conservateurs; si, pour faire de la politique, ils se fussent placés exclusivement sur le terrain politique. Leur ascendant y aurait doublement gagné, et vis-à-vis du pays auquel ils s'adressaient, et vis-à-vis des catholiques dont ils voulaient faire respecter les droits. Il leur aurait été plus facile de se dérober aux défiances simultanées de leurs adversaires et de leurs amis. Les uns auraient été moins prompts à les accuser de dévier de la ligne rigide de l'orthodoxie; les autres, moins enclins à les soupçonner de poursuivre d'une manière détournée, sous le masque des libertés religieuses, une domination que l'Église ne saurait plus exercer directement.

7.

Il est vrai que, sous la monarchie de Juillet, lorsque Montalembert enrégimentait les catholiques en parti militant, il s'agissait avant tout d'exercer clergé et laïques à l'intelligence et au maniement de la liberté. Il est vrai qu'à cette époque les chefs des catholiques français pouvaient se promettre d'amener leurs coreligionnaires à se contenter de leur part de liberté, et se flatter de persuader le gouvernement et l'opinion que l'Église n'exigeait rien de plus. Cela seul eût justifié la création du parti dont Montalembert était le premier instigateur. Il était du reste malaisé de prévoir les divisions et les fautes de l'avenir. Les catholiques semblaient tous d'accord sur la voie à suivre, et cette voie était celle de la raison et de la modération. Prêtres et laïques se réclamaient plus ou moins nettement de la liberté, jaloux de combattre la révolution antichrétienne avec ses propres armes.

Durant la longue campagne pour la liberté de l'enseignement, les catholiques obéissaient tous au même mot d'ordre. Dans les écrits et les conférences des apologistes, dans la polémique des journaux religieux, dans les mandements des évêques, revenait sans cesse le nom de liberté. Anciens amis et anciens adversaires de La Mennais s'étaient ralliés sous le même étendard, y voyant, avec la promesse d'utiles alliances, un sûr gage de victoire. Les représentants les plus autorisés de la tradition ecclésiastique, les hommes les plus imbus de l'esprit sacerdotal et les moins enclins aux nouveautés, tels que l'abbé Dupanloup, qui s'était naguère réjoui de la condamnation de La Mennais et s'y était même employé[1], laissaient de côté leurs vieilles défiances et marchaient d'accord avec le jeune paladin de l'Église et de la liberté. Tous, chose nouvelle alors et trop vite oubliée, s'entendaient pour revendiquer la liberté au nom même de la liberté, invoquant l'esprit moderne, tout comme les philosophes, et les conquêtes de la Révolution, tout comme les tribuns de la presse ou des Chambres. Ainsi l'abbé Dupanloup, qui, à travers les vivacités de sa polémique et l'impétuosité de sa dialectique, eut toujours soin de se tenir à l'écart des thèses risquées et restait en deçà de beaucoup d'évêques. Alors qu'aujourd'hui même la liberté semble encore à tant de nous l'état de guerre perpétuel, le futur évêque d'Orléans écrivait, dès 1845, ce mot profond : « La liberté, c'est la paix. » Dans une sorte de manifeste intitulé : *la Pacification religieuse,* il acceptait au nom du clergé le

---

[1] Voyez la *Vie de Mgr Dupanloup,* par l'abbé LAGRANGE, t. Ier, p. 131-134.

« véritable esprit de la Révolution française » et en invoquait les bienfaits, tout en « en déplorant avec M. Thiers les erreurs et les excès ». — « Vous avez fait la révolution de 1789 sans nous et malgré nous, mais pour nous », ne craignait pas de conclure le supérieur du petit séminaire de Saint-Nicolas. Et, en tenant ce langage, l'abbé Dupanloup et le clergé, dont il était déjà le plus retentissant porte-voix, n'exigeaient rien de plus que la liberté et le droit commun. Cette formule : « La liberté pour tous, sans privilége comme sans exception », employée par l'archevêque de Tours, était admise de la plupart des évêques [1].

« Nous disions fièrement, a écrit plus tard Montalembert : « La vérité a besoin de la liberté et n'a besoin que d'elle ; et aucune voix ne s'élevait alors, parmi ceux qui avaient autorité dans l'Église, pour nous contredire et même pour nous avertir [2]. » Loin d'implorer la protection du pouvoir, le clergé semblait mettre son honneur à la décliner. « Sire, disait au roi Louis-Philippe, dans une réception solennelle, un des prélats les plus réservés, Mgr Affre, archevêque de Paris, l'Église ne réclame pas la protection du souverain, mais seulement la liberté accordée à

[1] Voyez par exemple l'abbé LAGRANGE, *id.*, t. Ier, p. 348-349.
[2] MONTALEMBERT, *Avant-propos de ses Œuvres*, p. 29.

tous [1]. » Les doctrines de liberté et de droit commun semblaient universellement acceptées et « affichées » par les catholiques de France comme par ceux des pays voisins. Le clergé proclamait d'une voix presque unanime la possibilité et la nécessité d'une entente entre l'Église et l'État moderne, sur le terrain des libertés politiques. L'un des prélats les plus en vue et les moins suspects d'entraînement, Mgr Parisis, évêque de Langres, ne craignait pas, dans ses *Cas de conscience,* de se prononcer pour *l'accord de la doctrine catholique avec la forme des gouvernements modernes.*

Et ces vues des prêtres et des évêques, les journaux qui depuis se sont constitués les juges des doctrines et les censeurs de l'épiscopat, loin de les désavouer, étaient les plus ardents à les répandre. L'*Univers* faisait sans scrupule, pour la liberté de la presse et la liberté des cultes, les deux libertés en apparence condamnées par l'encyclique *Mirari vos,* ce que tous les catholiques faisaient pour la liberté d'enseignement. « La liberté des cultes est chose sacrée pour nous, disait l'*Univers,* et, si nous la revendiquons en notre faveur, nous la voulons au même titre pour

---

[1] Mgr CRUICE, *Vie de Mgr Affre.*

toutes les sectes dissidentes. » — « Nous aimons plus la liberté que nous ne redoutons le mal qu'elle peut faire », écrivait M. Louis Veuillot, le futur adversaire et dénonciateur des catholiques libéraux [1].

Catholiques libéraux, tous les catholiques l'étaient alors plus ou moins. Certes, à travers cette conformité d'opinion et cette unité d'action, on pouvait déjà apercevoir entre eux des différences de goûts, de tempéraments, de tendances. Les uns avaient dans la liberté une foi plus confiante, plus robuste ; les autres ne la réclamaient que par politique et pour ainsi dire sous bénéfice d'inventaire. Pour leur jeune chef, pour le fils des croisés, qui l'avait saluée dès les premiers balbutiements de sa parole et qui, au seuil de la vieillesse, devait encore dire d'elle : « Je l'adore [2] », la liberté était comme une dame dont il était fier de porter les couleurs et qu'à travers ses passagères défaillances il servait avec une chevaleresque passion, toujours prêt à rompre une lance pour faire confesser à tout venant qu'elle était la plus belle. On n'eût pu demander à tous le même amour, mais tous combattaient avec la

---

[1] Textes tirés de l'*Univers* de 1845 à 1849.

[2] MONTALEMBERT, *Moines d'Occident,* Introduction, dernier chapitre.

même devise sous la même bannière, les uns plus prudents et plus réservés, les autres plus ardents et plus confiants, mais tous unis, marchant la main dans la main, s'encourageant et s'excitant, se modérant et se complétant réciproquement. Dans cette brillante et jeune armée, s'il y avait déjà des actes d'indiscipline, spécialement du côté de la presse et de l'*Univers,* il n'y avait pas de rébellion ni encore moins de guerre civile.

A cette époque, Montalembert était le chef reconnu de tous les catholiques, et l'abbé Dupanloup payait les amendes de Louis Veuillot. Le Père Lacordaire, pour lequel l'*Avenir* avait été « comme une tunique de Nessus », voyait tomber les longues défiances provoquées, à Notre-Dame comme au collége Stanislas, par son nom et sa troublante éloquence. Se rappelant les divisions passées, ne soupçonnant pas encore les querelles prochaines, il traçait dans une lettre familière un piquant tableau de l'union qui régnait entre les catholiques : « Il n'y a pas quinze années encore, écrivait l'ancien rédacteur de l'*Avenir,* il y avait des ultramontains et des gallicans, des cartésiens et des menaisiens, des Jésuites et des gens qui ne l'étaient pas, des royalistes et des libéraux ; des coteries, des nuances, des rivalités, des misères sans fond ni rive ; aujourd'hui tout le monde s'embrasse, les évêques parlent de liberté et de droit commun ; on accepte la presse, la Charte, le temps présent. M. de Montalembert est serré dans les bras des Jésuites ; les Jésuites dînent chez les Dominicains ; il n'y a plus de cartésiens, de menaisiens, de gallicans, d'ultramontains, tout est fondu et mêlé ensemble [1]. »

En effet, Montalembert à la tribune, Lacordaire et Ravignan dans la chaire de Notre-Dame, Ozanam à la Sorbonne, Dupanloup dans ses brochures, Veuillot dans son journal, combattaient pour la même cause, sinon avec les mêmes armes, du moins sous le même drapeau. Les premières dissidences datent de la fin de la monarchie de Juillet, et elles portaient plutôt sur le ton de la polémique que sur le fond. Elles ne devaient éclater qu'en 1849, à l'heure de la victoire, ainsi qu'il arrive souvent. Jusque-là, il n'y avait guère entre les champions du catholicisme que des différences de talent, de tempérament, d'éducation, d'où devaient, il est vrai, naître en partie les divergences de vues après les dissonances de ton et d'attitude.

[1] Lettre à madame Swetchine, 18 juin 1841. « Il y a, ajoutait Lacordaire, un clergé qui parle, qui écrit, qui se concerte, un clergé sorti des voies passées, et ne s'adressant plus au Roi, mais à la nation. »

Chacun, en servant à son poste la cause commune, se ressentait de son origine autant que de son caractère : Montalembert, né à Londres d'une mère anglaise, en quelque sorte parlementaire de naissance, conservant à travers la foi chrétienne et le dédain des priviléges la fierté aristocratique du gentilhomme, avec quelque chose de hautain et de chevaleresque à la fois; — Lacordaire, « l'enfant du siècle », en ayant connu tous les doutes et toutes les espérances, le moine-citoyen, qui se déclarait pénitent catholique et libéral impénitent, inaccessible aux timidités et aux découragements vulgaires, ayant sous la robe de bure, comme naguère sous la robe de l'avocat, gardé la généreuse confiance de la bourgeoisie de 1830; — Dupanloup, le prêtre doublé de l'humaniste classique, « éducateur » incomparable [1], grand éveilleur des esprits et grand directeur des âmes, avec cela « vrai homme de guerre par nature », homme de tradition et d'autorité par éducation et par conviction, exerçant autour de lui le double ascendant du caractère et de l'esprit sacerdotal; — L. Veuillot enfin, le plébéien, l'enfant du peuple, chez lequel le Gaulois

---

[1] RENAN, *Souvenirs d'enfance et de jeunesse.* « Je trouvai chez M. Dupanloup cette grande et chaleureuse entente des choses de l'âme qui faisait sa supériorité. » *Ibid.*

perçait sous le chrétien, écrivain de race à la verve populaire, court d'instruction et d'idées, riche d'éloquence, d'émotion, de traits, de sarcasmes, démocrate ou mieux démagogue à sa façon, réaliste ou naturaliste par tempérament et par éducation, journaliste avant tout, en ayant tous les talents et tous les défauts, apportant à l'Église l'embarras en même temps que le secours d'une plume trempée plus souvent dans les âcres rancœurs du siècle que dans l'onctueuse douceur de l'Évangile ; défendant la religion avec les procédés, les gestes, le ton de voix, le vocabulaire de ses adversaires les moins scrupuleux et les moins raffinés, autoritaire par goût et bientôt par système, n'ayant guère jamais vu dans la liberté qu'une enseigne bonne à séduire les badauds.

En dehors même du directeur de l'*Univers,* qui était comme égaré au milieu d'eux, et dont le langage et les violences excitèrent, dès les premières années, leurs inquiétudes et leurs secrètes tristesses, des hommes aussi différents, d'une personnalité aussi tranchée, ne pouvaient sur tous les points toujours penser et agir de même. Ils ne pouvaient rester unis, comme il appartient à des esprits d'élite, qu'à force de tolérance et d'estime réciproque. Leur union était maintenue par des liens d'amitié qui la préservèrent jusqu'au bout à

travers les dissentiments de détails et les désac-
cords passagers. Ils avaient un égal dévouement
à la cause commune et une même conviction sur
la manière de la servir. La désertion d'une partie
de leurs amis ne devait faire que les serrer les
uns contre les autres sur le terrain des libertés
publiques, où eux du moins s'étaient sincèrement
et résolûment établis.

CHAPITRE VII

La liberté, dont le nom, depuis un siècle, a servi de réclame à des doctrines si différentes, est une chose essentiellement multiple, bien que malaisée à scinder. Elle se présente sous des aspects divers qui sont loin d'exciter les mêmes sentiments chez tous les hommes; beaucoup la vénèrent sous une face qui la maudissent sous une autre. Ce qui fait le prix de la liberté politique, de la liberté sans épithète, c'est qu'elle est la meilleure garantie des autres; c'est que, alors même qu'elle les conteste ou les supprime, elle fournit des armes pour les reconquérir. Les catholiques de 1840 le comprenaient, et c'est pour cela que, en France comme en Belgique, la plupart étaient libéraux.

Entre toutes les libertés publiques, deux surtout tiennent au cœur des catholiques, les deux dont les gouvernements leur disputent le plus souvent l'usage : la liberté d'enseignement et celle d'association, deux facultés presque également essentielles à sa mission, que l'Église revendique comme un droit naturel chaque fois qu'elle ne peut les exercer comme un privilége. C'est ce double besoin qui, à quarante ans de distance, a contraint les catholiques de se réclamer de nouveau du nom de liberté, alors même qu'ils ont cessé de se dire libéraux et que beaucoup s'en sont volontairement enlevé le droit. C'est autour de ces deux questions, intimement liées l'une à l'autre, qu'au vingtième siècle, comme au dixneuvième siècle, porteront principalement les luttes religieuses, jusqu'à l'ère encore éloignée de la pacification définitive dans le règne incontesté de la liberté. Sur ces deux points, non moins débattus sous la monarchie de Juillet qu'aujourd'hui, les catholiques de 1840 prétendaient bien défendre les droits de la conscience avec les intérêts de l'Église.

La Révolution a, pour le droit d'association, fait parfois aux catholiques une situation aussi dure qu'irrationnelle. Ce droit, dont elles avaient longtemps été investies à titre de privilége, les congrégations religieuses se le sont vu disputer, alors qu'en principe on le proclamait pour tous. Après avoir été, pour ainsi dire, au-dessus de la loi, elles ont été en quelque sorte mises hors la loi, hors du droit commun par les défiances des gouvernements ou les haines de la démocratie. Comme s'il ne pouvait se renfermer dans sa sphère légitime, l'État, après avoir imposé le respect des vœux monastiques, a prétendu les interdire ou les réglementer à sa guise.

Aux prétentions de l'État les catholiques libéraux opposaient la liberté et l'égalité devant la loi. Ils étaient tous trop profondément catholiques pour ne pas prendre en main la cause des moines, qui sont la grande originalité et la grande force du catholicisme. La renaissance monastique du dix-neuvième siècle était pour eux l'un des meilleurs signes de la renaissance religieuse, et ils pouvaient se flatter d'y avoir largement contribué. Tous avaient le respect et l'amour du froc. Lacordaire était fier de le porter, Montalembert s'en faisait l'historien. Sentant que, pour l'Église comme pour l'État, le terrain de la liberté était le plus sûr, ils refusaient dès lors de se prêter à la distinction des congrégations « reconnues et non reconnues ». Ils préféraient n'invoquer que le droit naturel et le droit public [1].

Ils agirent à cet égard avec non moins de résolution que pour la liberté d'enseignement. Convaincus, selon le mot de l'un d'entre eux, que la liberté se prend et ne se donne pas, ils affirmèrent leur droit en l'exerçant. De même que, en 1831, ses amis et lui avaient, à l'encontre des lois existantes, fondé une école libre, Lacordaire, la tête rasée, se montrait un jour, aux yeux étonnés de son auditoire de Notre-Dame, dans la robe blanche et le manteau noir de Saint-Dominique [2].

Dans son désir de rendre à l'habit religieux le droit de bourgeoisie qu'il avait perdu en France depuis 1790, Lacordaire avait, durant des années, lutté contre les appréhensions des timides. Il

---

[1] Il n'est pas inutile de rappeler ici que ce sont les catholiques libéraux, par Ozanam et ses jeunes amis, qui ont été les fondateurs de la plus belle association religieuse laïque, les Conférences de Saint-Vincent de Paul.

[2] Lacordaire annonçait nettement, en fondant ses diverses maisons, l'intention de recommencer au besoin le procès de l'école libre de 1831. « Se laisser tirer de chez soi par la force, y rentrer dès que la force sera loin; protester publiquement, réclamer judiciairement la jouissance de la propriété; la jouissance reconnue, y rentrer avec les siens » : telle était la ligne de conduite qu'il s'était tracée et qu'il conseillait à toutes les communautés menacées. La modération du Roi, celle de ses ministres et l'influence de la libre discussion, le dispensèrent de ces luttes judiciaires. (Voyez la *Vie du P. Lacordaire*, par FOISSET, et le *Père Lacordaire*, par MONTALEMBERT.)

avait dù surmonter les répugnances de l'archevêché et du Vatican même [1]. Il avait dû braver les représentations du pouvoir et les sinistres avertissements du roi Louis-Philippe, qui, à cette occasion, avait rappelé à Mgr Affre le pillage de l'archevêché, le menaçant d'une émeute populaire [2]. Le nouveau moine connaissait mieux ses compatriotes que le vieux roi. Ce froc du moyen âge dont l'apparition à Notre-Dame inquiétait Louis-Philippe et ses ministres, Lacordaire devait, après la chute du fragile trône de Juillet, l'arborer hardiment dans une Assemblée républicaine, comme si, en siégeant au milieu des législateurs du pays, ce moine eût voulu prouver l'abrogation de toutes les lois surannées « contre la sainte liberté de la pénitence et du dévouement [3] ».

Lacordaire, il est vrai, n'a pas été le premier à rétablir en France les Ordres religieux. Les Jésuites étaient déjà rentrés sans bruit, mais les Jésuites, que rien ne distingue extérieurement du clergé séculier, ne sont pas à proprement parler des moines. Un homme qui devait s'illustrer dans

[1] Voyez FOISSET, *Vie du P. Lacordaire*, chap. XI.

[2] CRUICE, *Vie de Mgr Affre*, p. 313. — RICARD, *Lacordaire*, p. 219. — *Lettres à madame Swetchine* (1842).

[3] C'est ainsi que l'*Univers* devait, en 1848, justifier la courte présence de Lacordaire dans l'Assemblée constituante (numéro du 5 mai 1848).

les sciences ecclésiastiques, Dom Guéranger, venait de restaurer à Solesmes le plus antique et le plus savant des anciens Ordres, les Bénédictins. Chose à noter, c'est à Solesmes, en 1838, au milieu des moines de Dom Guéranger et sur l'avis même de ce dernier, que Lacordaire, désireux de rétablir, lui aussi, un Ordre monastique, fixa son choix sur les Dominicains. Ce seul fait montre combien les catholiques étaient encore loin de leurs dissensions futures. Dom Guéranger, qui, vingt ans plus tard, devait être un des coryphées du groupe antilibéral, était alors l'ami et le conseiller de Lacordaire. On ne prévoyait point que Bénédictins et Dominicains dussent bientôt se trouver aux deux extrémités du camp catholique, et Solesmes et Sorèze personnifier les deux écoles entre lesquelles allaient se partager les champions de l'Église.

Entre tous les Ordres religieux Lacordaire avait choisi celui contre lequel paraissaient s'élever le plus de souvenirs. Ressusciter en France, en plein dix-neuvième siècle, l'Ordre de Torquemada et de Jacques Clément, n'était-ce pas un défi à l'esprit public et à cette liberté moderne dont on réclamait si hardiment sa part? Telle n'était pas, sans doute, dans son audace calculée, la pensée de Lacordaire. S'il ne lui déplaisait pas d'affronter les préventions du siècle, ce qui l'attirait vers les Frères Prêcheurs, vers ceux qu'un ancien sobriquet surnommait les *Domini canes,* ce n'était certes pas leur rôle dans la fondation du saint-office, c'étaient plutôt les grands souvenirs de saint Thomas d'Aquin, d'Albert le Grand, de Las Casas, de Fra Angelico, de Savonarole; c'était ce nom même de Frères Prêcheurs qui allait à la vocation et au caractère militant de l'orateur catholique, et aussi, il l'a lui-même laissé entendre, les règles de l'Ordre, ces règles d'une austérité à décourager la mollesse contemporaine, mais dont les constitutions démocratiques et électives semblaient mieux que toute autre charte monastique s'adapter à la pratique de la liberté moderne.

Avec un grand sens, Lacordaire avait en tout cas compris ce que donne de force et de durée la perpétuité d'une famille monastique, dans laquelle les idées et les affections se transmettent plus sûrement que dans une famille selon le sang. En cela il avait vu juste : grâce à sa prise d'habit, l'ardent orateur s'est, avec son libre esprit et sa sympathique compréhension du monde moderne, survécu dans les enfants qu'il avait engendrés à la vie religieuse et élevés à l'amour de leur époque et de leur pays en même temps qu'à l'amour de l'Église. Après bientôt un demi-siècle, l'Ordre restauré par Lacordaire est demeuré la portion la plus libérale du clergé français, la plus ouverte aux idées du dehors, la plus intelligente de l'esprit nouveau, la plus désireuse de le réconcilier avec l'Église. Il serait facile de le prouver avec des noms propres ; on n'aurait que l'embarras du choix. Cela n'a pas empêché les fils de Lacordaire de compter, en 1871, des martyrs parmi les victimes du fanatisme irréligieux et de l'aveugle férocité des foules incrédules. Cela ne les a pas empêchés de voir, en 1880, leurs couvents et leurs colléges fermés en vertu de lois que cinquante ans de tolérance publique pouvaient faire croire surannées, ni d'être violemment dispersés au nom d'un gouvernement dont, à l'instar de leur restaurateur, ils admettaient loyalement le principe et qu'on eût cru intéressé à laisser circuler sous l'habit de Saint-Dominique un souffle libéral dans l'Église. Il est vrai que si, depuis trente ans, tout le clergé eût partagé les sentiments et témoigné du même esprit que les héritiers de Lacordaire, la soutane noire ou blanche n'eût peut-être pas excité les mêmes fureurs chez un peuple en démence, et l'on n'eût peut-être pas vu les pacifiques habitants des abbayes de la Trappe ou de Solesmes privés de la liberté de jeûner en commun, de garder le silence sous les froides arcades de leurs cloîtres, ou de se relever de nuit pour psalmodier ensemble, au milieu des ténèbres, des cantiques en langue morte.

Le procès de la liberté monastique, Lacordaire l'avait, sous la monarchie de Juillet, gagné devant l'opinion, moins par son éloquence et sa résolution que par son libéralisme notoire, que par son adhésion publique et répétée aux principes de la société moderne [1]. La liberté des associations religieuses ainsi reconquise, les catholiques libéraux, ou ceux qu'on devait plus tard désigner ainsi, étaient loin de la demander uniquement pour leurs amis. Ils la revendiquaient pour tous, sans en excepter l'Ordre qui passait pour le moins favorable à leurs idées et parmi lequel ils étaient exposés à rencontrer le plus d'adversaires. Les Jésuites français ne se séparaient pas, il est vrai, des autres catholiques et ne répudiaient ni le concours ni les doctrines des « libéraux ». — « Nous servions tous deux la liberté chrétienne sous le drapeau de la liberté publique », a dit du Père de Ravignan le Père Lacordaire, dans sa notice sur son éloquent émule. C'était comme citoyen, au nom de la Charte et de la liberté de conscience, que Ravignan, dans un écrit public,

____

[1] Voyez son *Mémoire sur le rétablissement des Frères Prêcheurs.*

réclamait le droit d'être et de se dire Jésuite. Lorsque, en 1844, au plus fort de la campagne pour la liberté d'enseignement, les universitaires, assiégés par les ennemis du monopole, imaginèrent pour rompre les lignes d'investissement une diversion contre les Jésuites, Montalembert et ses amis, loin d'abandonner ces alliés compromettants, mirent à les défendre plus de chaleur et d'opiniâtreté que l'épiscopat et que la cour même de Rome [1].

Comme c'était au nom du principe de liberté, ou mieux au nom de l'égalité devant la loi, qu'ils maintenaient le droit des Jésuites à enseigner aussi bien qu'à vivre en commun, ils se montrèrent plus opposés que les évêques, et que la Compagnie de Jésus elle-même, au compromis qui, pour la faire tolérer en France, aliénait une partie de ses droits. Ils savaient du reste que le gouvernement « tenait à n'être pas persécuteur » et voulait éviter toute apparence de violence. Ce fut malgré les conseils de Montalembert que M. Guizot, aidé de Rossi, obtint du Saint-Siége et du général des Jésuites la dispersion volontaire des membres de l'Ordre et la fermeture

[1] Voyez la *Vie de Mgr Dupanloup*, par l'abbé LAGRANGE, t. Ier, p. 426, et les discours de Montalembert à la Chambre des pairs, par exemple le 8 mai 1844.

spontanée de leur noviciat. A une pareille transaction plusieurs des hommes qui se tenaient ferme sur le terrain du droit commun eussent préféré la guerre ouverte. Aussi l'évêque de Langres, en cela leur organe, avait-il conjuré les Jésuites de subir toute espèce de persécution plutôt que de sacrifier « le principe de liberté qui est humainement aujourd'hui le boulevard de l'Église [1] ».

Sous la monarchie de Juillet, comme sous la troisième République, la cause des associations religieuses se liait intimement à celle de la liberté d'enseignement, et alors, de même qu'aujourd'hui, s'il avait pour lui l'opinion populaire et peut-être les nécessités de la politique, le gouvernement n'avait de son côté ni les principes ni la logique. Montalembert et ses amis avaient l'avantage de combattre pour la liberté de l'enseignement, « une main sur l'Évangile et l'autre sur la Charte » qui l'avait promise sans la donner. Cette dette de la monarchie, dont durant dix-huit ans les catholiques ne cessèrent de réclamer le payement, ne fut soldée que par la République. A la fin du règne de Louis-

---

[1] Lacordaire, il est vrai, en cela peut-être plus pratique que beaucoup de ses amis, n'était pas aussi opposé à un pareil compromis. Il craignait que la politique du tout ou rien n'entraînât, avec la proscription des Jésuites, la ruine des Dominicains et des autres congrégations à peine rétablies.

Philippe, la plupart des catholiques, las d'une guerre de quinze ans, las de ne pouvoir faire brèche au monopole universitaire, étaient découragés. Montalembert et Dupanloup déploraient entre eux la faiblesse et l'inertie de l'épiscopat [1]. Leur cause, il faut le dire, avait comme d'habitude été compromise par les excès et les intempérances de certains de leurs alliés, par d'injustes et calomnieuses attaques contre l'enseignement et la moralité de l'Université, par la violence d'une presse religieuse qui commençait à déconsidérer une cause que les sarcasmes et l'injure n'ont jamais servie. Aussi les catholiques eussent-ils pu attendre longtemps la victoire, sans l'aide inattendue d'un de ces bouleversements qui, à la courte échéance de quinze ou vingt ans, viennent périodiquement renverser les gouvernements de la France.

[1] L'abbé LAGRANGE, *Vie de Mgr Dupanloup*, t. Ier, p. 430.

CHAPITRE VIII

La révolution de 1830 avait été en grande
partie faite contre le clergé, celle de 1848 fut
faite sinon pour lui, du moins à son profit. Quel
changement en moins d'une génération! Le
peuple qui, dix-sept ans plus tôt, saccageait l'Archevêché et poursuivait dans les rues le costume
ecclésiastique, appelait le clergé à bénir ses
frêles arbres de la liberté. La première Assemblée
élue par le suffrage universel inscrivait le nom
de Dieu au fronton de sa constitution républicaine.
Les catholiques qui avaient donné à leurs coreligionnaires le mot d'ordre de liberté eussent pu

s'attribuer le mérite de ce prompt revirement populaire. Ils recueillaient alors, avec le bénéfice de la froideur ou des ombrages que leur avait témoignés la monarchie de Juillet, le bénéfice de leur indépendance vis-à-vis de la royauté déchue.

Une autre raison avait rendu au clergé une popularité dont il était dès lors désaccoutumé, l'élection, en 1846, du pape Pie IX, qui, en quelques mois, était devenu « l'idole de l'Europe ». Dans la presse et dans les Parlements, dans les Chambres françaises spécialement, les hommes politiques les plus divers, Thiers, Odilon Barrot, Lamartine, Guizot, avaient salué à l'envi, comme un des grands faits du siècle, l'avénement d'un pontife que tous croyaient jaloux d'accomplir la réconciliation de l'Église et de la société moderne. Les actes et le langage du futur pape du *Syllabus* semblaient assurer au Vatican le triomphe des idées de liberté alors en vogue chez notre clergé, si bien que Montalembert pouvait réclamer pour les catholiques français l'honneur d'avoir été les précurseurs du Pape. Sous l'impulsion du généreux pontife qui, malheureusement, cédait plutôt aux entraînements d'une imagination vive qu'à une conviction raisonnée, les plus confiants voyaient déjà Rome convertie non-seulement à la liberté, mais à la démocratie. « Passons aux Barbares et suivons Pie IX ! » s'écriait, parlant de la démocratie déjà grondante, Ozanam, à la veille de 1848. Ainsi s'explique l'attitude des catholiques après le renversement du trône de Juillet.

Aucun parti n'était mieux préparé à profiter d'une révolution qu'ils n'avaient pas appelée, mais qui semble les avoir moins surpris que la plupart des vaincus ou des vainqueurs du jour. Libres, pour le plus grand nombre, de toute attache dynastique, ils se déclaraient, par la bouche de Montalembert, « prêts à descendre dans l'arène, avec tous leurs concitoyens, pour revendiquer toutes les libertés politiques et sociales [1] ». Ils étaient disposés à s'associer loyalement aux espérances et aux expériences de la nation. Comme la révolution de Février se montrait respectueuse de l'Église, ils pouvaient sans scrupules faire bon visage à la République. Les plus ardents, Ozanam et l'abbé Maret, depuis évêque de Sura, fondaient, sous la direction de Lacordaire, un journal républicain catholique, l'*Ère nouvelle*, qui semblait reprendre le programme politique de l'*Avenir*. L'*Univers* ne restait pas en arrière ; il était de ceux qui prêchaient

---

[1] *Correspondant* de février 1847. Manifeste publié par l'*Univers* le 28 février 1848.

que la démocratie n'était qu'une application du christianisme, et que la révolution de 1848 était l'avénement de la pensée chrétienne dans le gouvernement de la société [1]. Tous étaient loin d'aller jusque-là ; mais la plupart parlaient le langage du temps, et, comme bien d'autres, ils le parlaient avec la sincérité de l'illusion et l'espèce d'abandon confiant qui accompagne les premières semaines des révolutions. Les journées de juin vinrent bientôt, parmi eux comme dans le pays presque tout entier, décourager les optimistes, raviver les défiances contre la démocratie et faire prévaloir une politique de pessimisme et de résistance.

Au milieu du désarroi des partis et de l'effarement de l'opinion, les inquiétudes du pays don-

---

[1] « La révolution de 1848 est une notification de la Providence, écrivait L. Veuillot. A la facilité avec laquelle ces grandes choses s'accomplissent, il faut reconnaître que les temps étaient venus... Qui songe aujourd'hui en France à défendre la monarchie? Qui peut y songer? La France croyait être monarchique, et elle est déjà républicaine... La monarchie succombe sous le poids de ses fautes... elle n'a plus aujourd'hui de partisans. Il n'y aura pas de meilleurs et de plus sincères républicains que les catholiques français. Parmi les principes sociaux qui viennent de triompher et qui vont se formuler en institutions, quels sont ceux que l'Église repousse? » etc. Article du 27 février 1848, cité par Daniel STERN dans son *Histoire de la révolution de 1848*. Cf. *M. Veuillot et les évêques de France*, par l'abbé ANSAULT, p. 72-74.

naient aux défenseurs attitrés de l'Église un ascendant qui eût paru inouï quelques mois plus tôt. Leurs chefs surent le mettre à profit avec un singulier esprit politique. Parmi les plus jeunes députés de la fin du dernier règne, les catholiques avaient rencontré un homme d'État de race, chez lequel un tact politique inné tenait lieu d'expérience, un homme d'un esprit à la fois fin et élevé, d'une éloquence noble et simple, possédant à un haut degré la première qualité d'un homme de gouvernement, le sens pratique. Plus froid que Montalembert, qui était plutôt un agitateur qu'un chef de parti, moins accessible à l'engouement comme au découragement, M. de Falloux était par là même plus propre à la direction d'un gouvernement. Ce fut l'homme politique des catholiques ; il avait l'avantage de n'avoir d'illusions ni sur les personnes ni sur les choses. Les catholiques les plus illustres, au dedans et au dehors des assemblées, étaient du reste d'accord. Si, en décembre 1848, M. de Falloux fit taire ses répugnances à entrer au ministère, ce ne fut que sur les instances, ou mieux sous la pression de Montalembert et de Dupanloup [1]. Les rivalités de per-

---

[1] M. de Falloux en a fait lui-même le récit dans un chapitre détaché de ses *Mémoires*, sous ce titre : *l'Évêque d'Orléans*.

sonnes leur étaient absolument étrangères, ils ne songeaient qu'à la défense de la cause commune, et ils étaient d'accord sur la tactique à suivre. A l'opinion publique, encore mal remise des terreurs de juin, à la société en péril, ils offraient le secours de la seule force restée debout, la religion. Dans la confusion qui suivait la tempête, au lendemain de la secousse où l'État avait cru périr, leur voix fut entendue. Ils trouvèrent comme allié un de leurs plus redoutables adversaires de la veille, M. Thiers. La bourgeoisie sceptique avait, devant le déchaînement populaire, perdu l'assurance de son optimisme. Ainsi s'explique la loi sur l'enseignement de 1850. Pour les catholiques qui la provoquèrent, comme pour les politiques qui l'acceptèrent, ce fut avant tout une loi de salut social.

Nous n'avons ici ni à étudier ni à juger cette loi fameuse. Nous pourrions pour cela renvoyer au jugement porté par un ancien universitaire, demeuré fidèle au principe de liberté [1]. Cette loi, que l'on a comparée à l'édit de Nantes et au concordat, était à bien des égards, tout comme le concordat et l'édit de Nantes, un compromis, un traité de paix après de longues hostilités. La

---

[1] Voyez *Dieu, Patrie et Liberté,* par M. Jules SIMON.

guerre de vingt ans de l'Église et de l'Université se terminait par un partage du territoire en litige, c'est-à-dire de l'enseignement. Aussi l'instrument diplomatique, la loi qui consacrait les conditions de cet accord, est-elle réellement sortie des négociations menées en dehors de la Chambre, dans la grande commission où, sous la présidence et l'arbitrage de M. Thiers, représentant les intérêts de l'État, siégeaient les représentants de l'Église, tels que M. Dupanloup, et ceux de l'Université, tels que Cousin et Saint-Marc Girardin[1].

De là les mérites et aussi les défauts, de là le fort et le faible de la loi de 1850. C'était un traité de paix entre deux puissances rivales en face d'un ennemi commun, et, comme il arrive de la plupart des traités, celui-là n'était sûr d'être respecté qu'autant que la force et les intérêts des deux parties contractantes resteraient à peu près dans la même relation. En pareil cas, un traité ou un acte législatif a d'autant plus de chances de durée qu'il paraît moins léonin, que les vainqueurs du jour s'y font concéder moins d'avantages. C'est malheureusement ce que, aux heures de triomphe, oublient presque toujours les partis ou les peuples. Il eût été peut-être plus politique, de la

---

[1] Voyez les *Débats de la Commission de* 1849, publiés par M. H. DE LACOMBE.

part des catholiques, de ne pas pousser aussi loin leurs conquêtes, de s'en tenir strictement à la liberté, en répudiant tout ce qui avait l'air d'un privilége. A cet égard, la loi de 1850, comme plus tard, bien qu'à un moindre degré, la loi sur l'enseignement supérieur de 1873, était pour les catholiques un triomphe trop complet pour être longtemps toléré du pouvoir civil. Plusieurs articles étaient une sorte d'imprudence de la part de ceux qui les avaient fait insérer ; l'ensemble de la loi risquait d'en être tôt ou tard compromis. Telle était, par exemple, la place prépondérante faite au clergé dans les conseils de l'instruction publique, que la loi, du reste, avait le mérite de rendre électifs. Telle était surtout la dispense de diplôme accordée aux congréganistes. Une telle inégalité ne pouvait se concevoir que pour une période de transition. Le privilége de la lettre d'obédience était trop manifeste pour être longtemps accepté ; ce qu'il y a d'étonnant, c'est qu'il ait duré trente ans.

Cependant, les débats de la grande commission de 1849 montrent que les auteurs de la loi se sont gardés d'abuser de tous leurs avantages. Si, sur plusieurs points, pour les colléges des Jésuites, par exemple, et les congrégations non autorisées, ils ont exigé de l'État et de l'Université plus qu'on ne voulait d'abord leur accorder, sur d'autres, ils ont eu le bon esprit de refuser les dangereux présents qu'on leur offrait. C'est ainsi que Thiers, effrayé des tendances de nombreux instituteurs qu'il appelait « des anticurés, des curés de l'athéisme ou du socialisme », Thiers se déclarait prêt à livrer au clergé tout l'enseignement primaire. Il eût volontiers abandonné le peuple aux prêtres et aux Frères pour conserver à l'Université la bourgeoisie avec l'enseignement secondaire. Dupanloup et Montalembert repoussèrent le monopole qu'on leur proposait, préférant à un privilége aussi exorbitant la liberté de l'instruction secondaire.

Pour juger avec équité la loi de 1850, il ne faut pas oublier non plus qu'elle a été bientôt modifiée et déformée par l'Empire. On a trop souvent confondu l'œuvre de M. Fortoul avec celle de M. de Falloux. C'est à M. Fortoul et à l'Empire qui revient l'asservissement de l'Université, comme c'est à eux que remonte la mutilation des études par la suppression de la classe de philosophie [1].

Une chose certaine, c'est que cette loi de 1850,

---

[1] Si les attaques de certaines feuilles religieuses contre l'enseignement philosophique de l'Université purent servir de prétexte à cette suppression, Mgr Dupanloup la combattit au Conseil supérieur de l'instruction publique.

dont le principal avantage était de substituer la concurrence au monopole, devait rester la plus favorable à l'Église que les catholiques aient connue dans ce siècle. Ils n'en reverront assurément jamais de pareille en France. Or, cette loi qui nous semble si propice aux intérêts religieux, les catholiques furent loin d'en être tous satisfaits. Plusieurs, et non des moins écoutés, la trouvèrent insuffisante, nuisible même. Cette charte d'émancipation de l'enseignement, ainsi que l'appelait un sénateur catholique [1], devint le point de départ de la scission du parti catholique. On croirait qu'elle n'eût dû être combattue que par les avocats de la démocratie ou par les défenseurs des droits de l'État. Nullement, elle compta parmi ses plus ardents adversaires la principale feuille religieuse, l'*Univers*. Il est vrai que, près de certains libéraux de 1830, tels que M. de Rémusat, cette opposition ne fut pas étrangère au succès de la loi, en rassurant les hommes inquiets des prétentions ultramontaines. « Les attaques de l'*Univers* nous ont valu cinquante voix », me disait à ce propos M. de Falloux [2].

---

[1] Discours de M. Chesnelong en mai 1880.

[2] C'est du reste à l'occasion de la liberté d'enseignement que s'étaient manifestées, dès avant 1848, les premières divergences publiques des catholiques. L'*Univers* avait déjà, en 1847, pris

Cette loi qui, d'après la gauche, livrait la France à l'Église et aux Jésuites, l'organe le plus répandu des catholiques la déclarait « une déception, une défaillance de la raison et de la conscience, un pacte avec le mal, une monstrueuse alliance des ministres de Satan avec ceux du Christ ». Que lui reprochaient les intransigeants de droite? Ils lui faisaient au fond le même procès que les démocrates de gauche, tant il est vrai que les partis extrêmes ont même esprit et même méthode! Ils lui reprochaient de rompre l'unité morale de la France, réclamant l'unité religieuse comme d'autres l'unité nationale, prétendant jeter les générations dans un moule uniforme et mettre sans partage la main sur les âmes. Ils accusaient M. de Falloux d'avoir sacrifié les principes et proclamé le dogme de l'indifférence religieuse. Ils s'élevaient en particulier contre le droit d'inspection de l'État, réduit pourtant au minimum. Ils allaient jusqu'à s'irriter de la présence des évêques au milieu des « incrédules » du conseil de l'instruction publique [1].

M. Dupanloup à partie pour ses concessions aux universitaires et à l'État. (LAGRANGE, t. I, p. 414-415.)

[1] Il est curieux de voir comment cette loi, objet de tant de regrets depuis son abrogation, est encore appréciée aujourd'hui dans le même camp. Voilà comment s'exprime à ce sujet un des écrivains les plus en vue de l'*Univers*, M. l'abbé May-

Rien ne trouvait grâce devant l'incurable
défiance des purs, ni la loi, ni ses auteurs, ni
M. de Falloux, ni Montalembert, ni M. Dupanloup, que, dans sa correspondance, Louis Veuillot
signalait comme le mauvais génie de Montalembert. Bien plus, le Père de Ravignan, qui, en
cela, comme d'habitude, marchait d'accord avec
M. Dupanloup, se vit dénoncer à Rome, auprès
du général des Jésuites, comme un des fauteurs
de ce projet de loi schismatique, pour avoir
apporté aux fils de Voltaire le scandaleux concours
des fils de Loyola [1]. Il ne fallut rien moins que
l'intervention directe du Vatican et du nonce, sur
la demande d'un grand nombre d'évêques, pour

nard : « Les auteurs de la loi se placèrent sur le terrain du
droit commun et des libertés publiques, et non du droit spécial
et de l'autorité de l'Église. — L'Église était seulement admise
à partager le monopole avec l'État et l'Université, qui d'ailleurs lui faisaient la part petite et soumise. A l'État et à l'Université la présidence dans tous les conseils, présidence sur tous
les membres, même sur les évêques, ce qui était déjà le triomphe du laïcisme. A l'État et à l'Université l'autorisation et la
surveillance des colléges libres, le choix des livres et des méthodes, la collation des grades, en un mot tout le souverain
domaine : c'était l'État enseignant au-dessus de l'Église enseignante! » Et M. l'abbé Maynard termine en nous apprenant
que pour Mgr Pie, son évêque, « tout cela était le triomphe de
l'État-Dieu, tout cela paraissait athée et panthéiste ». *Mgr Dupanloup et M. Lagrange, son historien* (1884), p. 62-63.

1 *Vie du Père de Ravignan*, par le Père DE PONLEVOY, t. II,
chap. xx.

faire taire l'opposition de la feuille ultramontaine. Si grande que se montre, dans tous les camps, la déraison des partis, rarement on a vu un pareil aveuglement. Durant les longs mois pendant lesquels le sort en fut suspendu, la loi de ce siècle la plus favorable à l'Église coûta à ses défenseurs presque autant d'efforts à Rome qu'à Paris [1].

Les chefs politiques et religieux du parti catholique, que Thiers devait bientôt appeler le parti des ingrats, étaient navrés de ce qu'ils appelaient la folie effroyable de l'*Univers*. « Ce journal, écrivait M. Dupanloup en 1849, est une plaie vive au sein de l'Église de France. Il y a déjà fait de grands maux, il en prépare de plus grands encore ; vous le verrez si on ne l'arrête pas. » Et quelques mois plus tard, en février 1850 : « Je le répète, c'est une plaie qui sera bientôt inguérissable. Il y faudrait immédiatement un coup décisif, mais qui ose quelque chose? » Avec un tel journal, en 1801, ajoutait l'évêque d'Orléans, le concordat était impossible [2].

---

[1] Voyez, par exemple, la *Vie de Mgr Dupanloup*, par l'abbé LAGRANGE, t. I, p. 510-511.

[2] *Lettres de Mgr Dupanloup à la princesse B...*, 15 septembre 1849, 25 février et 29 mars 1850. « A l'heure où je parle, lit-on dans une de ces lettres, non-seulement sur la loi de l'enseignement, loi admirable qui peut seule sauver la France, mais sur la lettre du président, sur les conciles, le

La plaie, ainsi que s'exprimait Mgr Dupanloup récemment nommé évêque, allait devenir chaque jour plus large et plus profonde. Une loi qui semblait consacrer le triomphe de leurs communs efforts durant quinze ans avait, pour plus d'une génération, brisé le faisceau des forces catholiques. « J'ai vu, disait Montalembert, j'ai vu se dissoudre l'armée que j'avais formée pendant vingt années de luttes. » Il voyait, en effet, son plus brillant lieutenant, à la tête du gros de ses troupes, abandonner le terrain où ils avaient combattu ensemble, et, malgré un dernier effort pour les y ramener, il n'y devait jamais parvenir. La rupture devait bientôt devenir définitive. L'*Univers,* qui n'avait pas reculé devant elle, allait prendre soin de l'accentuer. M. Veuillot se félicitait d'en avoir pris l'initiative. Il écrivait alors à un prélat de ses amis « qu'il fallait au plus vite diviser le parti catholique pour en sauver quelque chose et éviter qu'il ne tombât tout entier sur la

journal en question pousse à la guerre, à la violence. Il veut forcer M. de F. (Falloux) à se retirer, celui sur lequel la paix de l'Europe repose en ce moment, et qui est un homme incomparable en tous points. » — Et plus loin : « J'apprends à l'instant que M. de F… est gravement malade. Il est sorti vainqueur de la lutte contre le président, mais il en mourra peutêtre. C'est une horreur de voir des catholiques tuer leur sauveur comme on tue celui-là ! » (Lettre du 15 septembre 1849.)

question religieuse dans les bras de l'Université, sur la question politique dans le jeu du conservatisme bourgeois, représenté par M. Thiers[1] ».

Ce qui blessait particulièrement le directeur de l'*Univers*, c'était en effet de voir des catholiques donner la main à Thiers et à leurs anciens adversaires, qui, pour lui, demeuraient toujours des révolutionnaires aussi bien que des incrédules. Au lieu de se demander en homme politique pour qui était le principal profit d'une pareille alliance, le fougueux polémiste la condamnait comme une faiblesse ou une duperie, reprochant à M. Thiers de « garder tous ses vieux et mauvais sentiments », se refusant à traiter « comme l'espérance de la religion » un homme « qui voulait fortifier le parti des révolutionnaires contents et repus, dont il était le chef, d'un corps de gendarmes en soutane à cause de l'insuffisance manifeste des autres[2] ». Dans sa répulsion pour tous les compromis d'où était sortie la loi, qu'il qualifiait de manque de foi, le chef des intransigeants se vantait de s'être opposé à l'entrée au ministère de l'homme politique auquel, plus qu'à tout autre, les catholiques devaient la liberté d'en-

---

[1] Lettre inédite de M. Louis Veuillot à Mgr Rendu, évêque d'Annecy, 2 août 1849. Voy. plus bas l'Appendice, p. 289.

[2] Lettre à Mgr Rendu, évêque d'Annecy.

seignement et la restauration du trône pontifical, accusant M. de Falloux de n'être pas « un catholique avant tout », et lui disputant, pour le transférer au futur allié de Cavour, le mérite devant l'Église de l'expédition de Rome [1].

On voit par ces lettres privées, mieux encore que par l'aigre polémique de la presse, combien graves étaient les dissentiments qui séparaient les catholiques. Ceux qui avaient le plus fait pour l'Église, ceux auxquels la religion et la papauté devaient leur triomphe de 1849 et 1850, allaient bientôt se voir dénoncer publiquement comme leurs plus dangereux ennemis. Désormais les fidèles et le clergé allaient se trouver partagés « en deux camps en conflit sous le même dra-

---

[1] « Je n'ai jamais compté sur lui (M. de Falloux). Quoique chrétien plein de ferveur, il n'a jamais été des nôtres, ce que nous appelons un catholique avant tout. Il l'a cru, et beaucoup d'autres comme lui ; il le croit encore peut-être. Moi, je ne m'y suis point trompé, et j'étais si fixé sur ce point, avant le 10 décembre 1848, que j'ai beaucoup insisté, dans un conseil qui a été tenu entre nous, pour qu'il n'entrât pas au ministère. Ma vraie raison, que je n'ai point osé dire, était qu'il laisserait nos idées à la porte. Il n'y a point manqué. C'est un homme d'accommodement, de transaction et d'affaires, avec beaucoup plus d'ambition qu'il ne suppose en avoir. M. Dupanloup de même. Ce n'est pas M. de Falloux, comme on le pense, qui a rétabli le Pape, c'est le président, qui a mis dans toute cette affaire une volonté inflexible et beaucoup de cœur, etc. » (Lettre à Mgr Rendu, évêque d'Annecy, 2 août 1849.)

peau [1] ». Toute l'histoire du parti catholique depuis 1850 n'est plus qu'une longue guerre civile, et, dans cette guerre envenimée par les ressentiments et les rancunes de toutes les luttes intestines, les libéraux et les politiques devaient avoir le chagrin de voir la faction adverse perdre par ses témérités, ou compromettre par ses folles provocations, tout ce qu'ils avaient conquis par vingt ans de sagesse.

[1] M. DE FALLOUX, *le Parti catholique.*

CHAPITRE IX

Quand, avec l'assentiment public du clergé
et des catholiques, Montalembert revendiquait
à la tribune la liberté de l'Église au nom des
libertés modernes, ses adversaires ne se faisaient pas faute de l'accuser d'être dupe de son
inexpérience. Des hommes plus mûrs ou plus pré-
voyants pouvaient, lui répondait-on, sans cesser
d'être libéraux, se croire tenus de refuser ou de
marchander une liberté qui, une fois acquise et
complète, serait déniée, comme un péril ou
comme un crime, à tous ceux qui n'acceptent
pas le joug de l'orthodoxie. « Je regimbais alors

avec une bonne foi indignée, écrivait plus tard l'orateur désabusé, contre ce que je croyais une calomnie sans prétexte et sans excuse. Je suis obligé de reconnaître que l'objection de mes contradicteurs était fondée, et que leur appréhension a été cruellement vérifiée [1]. »

Cette objection, l'éternelle objection opposée aux « cléricaux » chaque fois qu'ils osent se réclamer de la liberté, il suffit de l'apparition d'un maître, qui semblait promettre un protecteur, pour que la presse religieuse se hâtât de la justifier avec une impudente ingénuité. On comprend la tristesse et l'irritation des hommes qui s'étaient pour ainsi dire portés garants de la sincérité de leurs coreligionnaires. Non-seulement ils se voyaient abandonnés de leurs soldats, mais ils voyaient les déserteurs leur enlever la seule arme qui pût leur permettre de vaincre, la confiance publique dans leur bonne foi. Devant une défection qui les réduisait pour longtemps à l'impuissance, les catholiques pour lesquels la liberté n'avait pas seulement été un déguisement tinrent à prouver qu'ils n'étaient pas « complices de cette duplicité; que, s'ils n'avaient pas, eux aussi, jeté le masque, c'est qu'ils n'en avaient

____

[1] MONTALEMBERT, *OEuvres complètes,* Avant-propos, p. XXXV.

jamais porté ». Aussi personne, dans aucun parti, ne se montra plus sévère que ces catholiques pour ce qu'ils appelaient le revirement effronté, l'éclatante palinodie de la presse religieuse. Jamais ils ne la lui pardonnèrent : ils tinrent par-dessus tout à ne pas laisser oublier que si, depuis le milieu du siècle, les champions de l'Église étaient divisés, ce n'étaient pas les partisans de la liberté qui avaient modifié leurs voies et changé les couleurs du camp catholique. A ceux qui les en accusaient, Montalembert répondait en renvoyant à ses discours de la Chambre des pairs. Sur ce point, en effet, aucun doute : les lettres privées confirment, nous l'avons vu, les documents publics. Cette scission, qui, en réalité, dure encore, a été le fait des intransigeants qui, après s'être, durant quinze ans, réclamés des libertés modernes, se sont tout à coup avisés qu'elles étaient contraires aux principes sociaux et au dogme chrétien. Pour comprendre les ardentes controverses des deux factions durant plus de trente ans et les débats auxquels leur rivalité a condamné l'Église, il ne faut pas perdre de vue ce point de départ [1].

---

[1] On s'étonne qu'un écrivain d'ordinaire aussi bien informé et aussi soucieux de la vérité que M. Ém. Ollivier, ait pu prendre le change à cet égard et écrire que Montalembert et

Dès le lendemain de la scission, les divergences entre ces frères ennemis s'accentuèrent sur le terrain scolaire et politique, pour bientôt s'étendre au domaine religieux. Une fois émancipé de la tutelle des politiques, l'esprit excessif et intolérant de la presse catholique se donna partout carrière. A peine l'*Univers* avait-il, sur l'injonction de Rome, suspendu sa campagne contre la loi de 1850, qu'il en entreprenait une autre contre l'enseignement classique et les auteurs païens. C'était une manière détournée de revenir, malgré l'intervention du nonce, sur la loi de l'enseignement, qui reconnaissait au gouvernement le droit de fixer les programmes. Dans sa répulsion pour la libre antiquité grecque et romaine, la feuille ultramontaine semblait vouloir proscrire tout ce qui n'était pas l'Écriture et les Pères, de même que le calife de la légende condamnait au feu tout ce qui n'était pas le Coran [1].

le P. Lacordaire s'étaient séparés de leurs amis pour former le parti des catholiques libéraux. (*L'Église et l'État au concile du Vatican,* t. 1, p. 303.)

[1] Les adversaires des classiques ont, il est vrai, prétendu depuis lors qu'ils désiraient simplement une plus sévère expurgation des auteurs païens et l'introduction des Pères de l'Église dans l'enseignement. A les croire, ils auraient plaidé le plus pour obtenir le moins.

Les Grecs et les Latins ont de tout temps été suspects aux ennemis de la liberté ; l'*Univers* les accusait de corrompre le cœur aussi bien que l'esprit de la jeunesse. Comme le juge irrité, aperçu en songe par saint Jérôme, il eût volontiers reproché aux partisans des anciens d'être « cicéroniens et non chrétiens ». A l'entendre, Homère et Virgile n'étaient bons qu'à paganiser les générations chrétiennes. C'était toucher à l'un des points sensibles l'évêque d'Orléans, qui prenait plaisir à faire jouer par les élèves de son petit séminaire Sophocle en grec. En vain ce défenseur des classiques se retranchait-il derrière l'autorité de saint Basile et des Pères de l'Église ; en vain rappelait-il que les humanités avaient été l'honneur du clergé français et des congrégations enseignantes. Pour mettre fin à cette controverse, il ne fallut rien moins qu'une nouvelle intervention de la nonciature et l'encyclique pontificale *Inter multiplices*. Dans l'intervalle, tout le clergé en avait été ému. La question se liait à la direction des séminaires, et la presse catholique avait pour la première fois laissé percer la prétention de régenter l'épiscopat. L'Église n'était pas encore accoutumée à de pareilles façons ; Mgr Dupanloup avait lancé un mandement contre l'*Univers*, et quarante-six évêques avaient signé une déclaration portant que les actes épiscopaux n'étaient pas justiciables des journaux [1].

C'était de la politique qu'étaient nés les dissentiments des catholiques, c'était dans la politique surtout qu'ils devaient se manifester et s'envenimer. Le coup d'État de 1851 et la constitution de 1852 avaient consommé la scission. Le principal organe catholique, qui, selon le mot d'un de ses adversaires, changeait de drapeau sans changer de caractère, avait tour à tour été orléaniste, républicain, fusionniste, bonapartiste, se montrant disposé à soutenir les régimes les plus divers, sans doute parce qu'il n'était dévoué qu'à l'ultramontanisme. Il semblait alors avoir pour devise le *Victrix causa diis placuit* du poëte païen. Faisant bon marché des libertés publiques et de la parole jurée, il avait, au nom de l'Église, salué le coup d'État et applaudi au rétablissement de l'Empire.

Non content d'acclamer la dictature subrepticement relevée en France, l'*Univers* s'était plu à railler les vaincus, à les conspuer et à les bafouer, piétinant avec joie sur les libertés et les libéraux. « La France, disait-il quelques jours

---

[1] Grâce à la modération des uns, à la timidité des autres, cette déclaration ne fut, du reste, pas publiée.

après le premier plébiscite, la France rejettera le parlementarisme comme elle a rejeté le protestantisme, ou elle périra en essayant de le vomir... Le peuple a dit à un homme : Mes orateurs me fatiguent, débarrasse-moi, gouverne-moi [1]. » A cette époque où le pays, si longtemps enclin à l'idolâtrie de la parole, se montrait dédaigneux des joutes oratoires, les pieux panégyristes de l'absolutisme allaient jusqu'à faire l'apologie du silence au nom de l'Évangile, qui proscrit les paroles inutiles. Ces nouveaux adeptes du culte de la force et de la fortune condamnaient le fond comme la forme des revendications libérales ; ils ne craignaient pas de nier la notion même du droit humain, interdisant le mot droit à la bouche des peuples comme aux lèvres des individus, sous le prétexte erroné que ce mot ne se rencontre point dans l'Écriture.

On vit ainsi durant des années l'oracle, religieusement écouté de la majorité du clergé, prêcher quotidiennement, au nom de Dieu et au nom du peuple, l'absolutisme spirituel et temporel, se complaisant à faire l'éloge de l'inquisition, de la Saint-Barthélemy, de la révocation de l'édit de Nantes, de tous les crimes et de toutes

[1] *Univers* du 26 décembre 1852.

les fautes dont l'Église avait le plus d'intérêt à se laver; se faisant, au profit du nouveau césarisme, le théoricien de la force et du despotisme militaire; enseignant, suivant un sophisme que, par une significative rencontre, j'ai retrouvé à l'autre extrémité de l'Europe chrétienne, — chez les slavophiles moscovites, — que toute constitution rompait l'unité sociale et établissait un dualisme dont le résultat était d'annuler l'un par l'autre les deux termes du régime constitutionnel.

Or, parmi les vaincus du coup d'État et de l'Empire, parmi les orateurs dont l'*Univers* se réjouissait de voir les lèvres closes, se trouvaient les plus vaillants champions de l'Église, notamment les auteurs de la loi de 1850. Ils étaient tombés avec la tribune, d'où leur voix avait si fortement retenti pour la défense de la religion et de la papauté. L'un d'eux, il est vrai, leur premier chef, Montalembert, s'était, durant quelques jours, en partie sous l'influence de l'*Univers,* en partie sous l'empire d'illusions que la conduite du prétendant devait bien vite dissiper, rallié, lui aussi, au coup d'État; ce fut la tache et le remords de sa vie. Lui qui, dès sa jeunesse, s'était fait gloire d'être l'amant de la liberté, il avait, depuis les journées de Juin, devant les excès commis en son nom, oublié que, selon la belle image empruntée à l'Arioste par Macaulay, celui qui adore vraiment la liberté doit savoir lui garder sa foi sous quelque déguisement qu'elle se présente. Lorsque celle qu'il s'était habitué à vénérer comme une fée bienfaisante lui avait apparu sous la forme d'un serpent, il l'avait reniée et l'avait laissé écraser. Ce jour-là, Montalembert, pourrait-on dire, avait montré le côté faible des libéraux catholiques, et, par malheur aussi, de bien d'autres, car le crime le moins pardonnable de l'anarchie, c'est, en la défigurant, de rendre la liberté odieuse. L'amour de Montalembert pour elle n'allait pas sans une certaine dose d'illusion, et il avait eu peine à lui pardonner ses déceptions. « Les rois sont remontés sur leurs trônes, s'écriait-il avec amertume le 19 octobre 1849 ; la liberté n'est pas remontée sur le sien, elle n'est pas remontée sur le trône qu'elle avait dans nos cœurs. »

Cette défaillance ne fut pas de longue durée ; quelques jours de dictature suffirent à le désabuser. Avant même que l'Empire fût officiellement rétabli, Montalembert protestait avec une fougue indignée contre l'avilissement des doctrines hardiment serviles qui, au nom de l'Évangile, prétendaient vouer la France à l'absolutisme. S'il avait paru lui-même admettre le renversement de la tribune, ce n'était, affirmait-il, que comme une punition temporaire des fautes passées, comme une courte diète de malade, jamais comme un régime normal et définitif. Aussi mettait-il, dès 1852, une sorte de passion à flétrir ce qu'il appelait l'éphémère coalition du corps de garde et de la sacristie, et, d'une plume brûlante comme un fer rouge, il marquait sans pitié le front de ces pontifes de la force, de ces chantres du succès qui, après s'être prosternés devant la démocratie de 1848, avaient déjà rallumé leurs encensoirs pour de nouvelles idoles [1].

[1] *Des intérêts catholiques au dix-neuvième siècle.* 1852. Dans le clergé même, plus d'un cœur éprouvait les mêmes sentiments d'indignation. « Les hommes que je croyais dévoués à la liberté, et que je voyais dans une auréole de courage et de martyre, ont épouvanté mon âme d'enfant et de chrétien par ces hideux emportements que vous savez », écrivait à Lacordaire Henri Perreyve, le 27 décembre 1851. — Et quelques mois plus tard, le même noble jeune homme confiait ses découragements au P. Adolphe Perraud, depuis évêque d'Autun. « Il me semble, disait-il, que la liberté est morte. Trop d'applaudissements, trop de hourras ont accueilli de toutes les extrémités de notre malheureuse France ce que j'oserai appeler le viol de la patrie. Il semble qu'il n'y ait plus rien à faire, rien à espérer, mais que la honte seule et l'humiliation soient promises en de tels abaissements... Il est trop pénible de voir que les idées généreuses n'ont pas même trouvé de refuge auprès des âmes honnêtes amies de Dieu... La contagion du servilisme n'a-t-elle pas pénétré partout? Cela passe la mesure. »

La Présidence décennale avait laissé Montalembert entrer au Corps législatif, l'Empire restauré l'y poursuivait bientôt devant ses tribunaux pour lui en fermer la porte aux prochaines élections. L'orateur catholique ne pouvait avoir de place sous un régime qui s'annonçait comme le règne du silence. Si sa voix retentit encore en dehors d'une assemblée dont les murs étaient calfeutrés de façon qu'aucun écho n'en arrivât au public, ce fut à l'étranger, à Malines.

Pendant que Montalembert descendait de la tribune pour n'y plus remonter, le compagnon de ses premières luttes, Lacordaire, abandonnait le chaire de Notre-Dame et, bientôt après, Paris et la prédication. S'il devait un jour reprendre ses conférences, c'était à l'extrémité de la France, à Toulouse. Il sentait, lui aussi, sans qu'on lui eût formellement interdit la parole, que sa voix avait quelque chose de trop vibrant pour le voisinage des Tuileries, de trop strident pour la nouvelle ère impériale [1].

---

[1] Voyez la lettre à madame Swetchine du 6 mai 1852 et la lettre à madame de Favencourt du 27 juin 1852. — « Le P. Lacordaire ne fera pas cette année ses conférences, écrivait H. Perreyve le 6 février 1852. Ainsi, de tout ce qui était libre et pur, rien ne reste. Ce n'est pas sans quelque consolation que je pense à la colère dont mon âme a été remplie aux premiers jours où j'ai pressenti toutes ces hontes. »

Le nouveau régime se piquait de protéger la religion, mais cette protection même inspirait peu de confiance à la plupart de ceux qui se souvenaient de la Restauration et des périls d'une étroite alliance du trône et de l'autel. Dès le 3 décembre 1852, dans un mandement épiscopal, Mgr Dupanloup, un de ces hommes auxquels aucun régime n'eût pu fermer la bouche, demandait pour l'Église « la seule chose qui ne la compromit jamais, la liberté », ajoutant, non sans intention, qu'il n'y avait pas moins d'honneur pour elle « à garder sa liberté sous Constantin, qui la protégeait, qu'à se montrer héroïque sous Dioclétien, qui la persécutait ».

Les laïques, à plus forte raison, sous la direction de MM. de Falloux et de Montalembert, ne dissimulaient pas qu'ils n'avaient de confiance dans la liberté religieuse que lorsqu'elle était assurée par les libertés générales. Les anciens chefs du parti catholique se trouvaient ainsi, comme sous Louis-Philippe, mais en de bien autres conditions, rejetés dans l'opposition et, comme sous la République, enchaînés à l'alliance des libéraux, dont l'*Univers* leur faisait, dès 1849, un crime.

CHAPITRE X

Pendant toute la durée du second Empire, la
lutte entre les deux fractions du camp catholique
devait continuer avec des armes inégales, les
libéraux, privés du grand instrument de la polémique moderne, n'ayant aucun journal quotidien
à opposer aux ultras. Pour tout organe ils avaient
une revue, le *Correspondant,* réorganisé en 1855
sous le patronage de Mgr Dupanloup ; et cette
revue, les défiances du gouvernement, tant pour
la personne que pour les idées de ses rédacteurs, la contraignaient à une réserve qu'en

d'autres temps on eût pu taxer de pusillanimité. Tandis que, de 1852 à 1860, l'Empire lâchait la bride à toutes les violences du parti opposé, le *Correspondant* était la victime répétée des sévérités administratives. Montalembert, poursuivi par le parquet, était condamné à six mois de prison pour une étude sur l'Inde anglaise, et un article du prince Albert de Broglie sur la polémique religieuse valait un avertissement au recueil catholique libéral [1].

Grâce à ce défaut de concurrence et à la tacite complicité du gouvernement impérial, l'organe attitré du servilisme politique et religieux, le champion de la théocratie entée sur le césarisme, s'empara peu à peu dans l'Église de France d'une véritable dictature. Le clergé, qui avait longtemps témoigné tant de défiance pour la presse, en devint en quelque sorte le prisonnier. Nulle part elle n'a exercé une autorité plus absolue et moins discrète. L'*Univers* avait repris les procédés et les méthodes de l'*Avenir,* en en répudiant les doctrines. Non moins que La Mennais en 1830, il

---

[1] Lacordaire appelait cet article, paru en 1856, une voix qui sortait du sépulcre. — « Jusqu'ici, disait-il, la confusion et la dislocation de nos anciens éléments n'avaient point donné d'autre résultat qu'une éclatante apostasie, la ruine de notre honneur commun et la domination d'un journal sans charité et sans élévation. » Lettre à madame Swetchine, 7 janv. 1856.

prétendait, inconsciemment peut-être, gouverner l'épiscopat et dominer l'Église, parlant avec la même hauteur une langue plus souple et presque aussi éloquente, mais dont le ton moqueur et le tour trivial semblaient souvent déplacés sous le portique du temple. Et cette fois l'apôtre, tour à tour léger et véhément, incisif et pathétique comme un acteur propre à tous les rôles, le tribun religieux tenant à la fois de Bossuet et de Voltaire, de Molière et de Rabelais, qui du haut de sa chaire quotidienne morigénait le clergé, jouant devant lui, chaque matin, amis et ennemis, travestissant et chargeant sans scrupule grands et petits, mêlant le comique au sacré et l'injure à l'onction, n'appartenait même pas à la hiérarchie. C'était un simple laïque, sans théologie, sans philosophie, sans études même et sans latin, qu'il n'apprit qu'en courant sur le tard, aussi peu ecclésiastique d'éducation, aussi peu chrétien de tempérament qu'il était journaliste de vocation, dont l'empire s'expliquait peut-être moins par la verve endiablée de sa polémique que par la terreur de ses sarcasmes sans merci et de son persiflage acéré [1].

[1] «Le régime autrichien a franchi les Alpes, et les violences de la presse, qui se dit ultramontaine, parmi nous, inspirent aux esprits une sorte de terreur puérile. Cette tyrannie pas-

On comprend que, dans le haut clergé, les représentants de la tradition et de la hiérarchie eussent peine à supporter une telle domination au profit d'une sorte de radicalisme ultramontain : mais la tyrannie était si forte, que la plupart la déploraient en secret sans oser s'en plaindre en public. « L'Église de Dieu, écrivait dès 1849 Mgr Dupanloup, ne peut, en aucune façon, être ainsi gouvernée par le journalisme. Tous les évêques, sauf deux ou trois (et encore, je n'en connais qu'un), en gémissent. Si le Saint-Siége, par le nonce, n'arrête pas le *laïcisme journaliste*, le mal ira loin [1]. » — « Si le Pape et les évêques n'y prennent garde, disait de son côté Montalembert, le journalisme leur jouera des tours plus perfides que n'importe quelle hérésie [2]. » Les Jésuites, tels que le P. de Ravignan, partageaient à cette époque les appréhensions de Montalembert et de Dupanloup [3].

---

sera comme les autres. » Lettre de Lacordaire à l'abbé Perreyve, 23 avril 1854.

[1] Lettre de Mgr Dupanloup à la princesse B..., 15 septembre 1849.

[2] Lettre à Mgr Dupanloup, 1er février 1851.

[3] Dans une lettre de l'évêque d'Orléans du 27 février 1850, je rencontre ces lignes : « Quant à l'*Univers*, le Père de Ravignan me disait avant-hier soir qu'il enlevait aux évêques le gouvernement de l'Église : c'est vrai ; et je lui ai répondu qu'il enlevait aux supérieurs le gouvernement de sa compagnie. »

Cette sorte d'empire du journalisme, plusieurs évêques cherchèrent à y mettre un terme sans y parvenir. Il leur eût fallu, pour cela, être tous d'accord ; mais, grâce à la presse religieuse précisément, l'épiscopat était déjà divisé, et la division devait aller en s'accentuant dans son sein. Lorsque, par deux fois, en 1850 et 1853, l'archevêque de Paris, Mgr Sibour, émit la prétention de surveiller et au besoin de réprimer la presse religieuse de Paris, le directeur de l'*Univers* ne se crut nullement obligé de s'incliner devant cette menace d'une sorte d'*index* diocésain. Comment, disaient ses amis, transformés pour les besoins de leur propre cause en défenseurs de la liberté de la presse, comment admettre qu'une feuille d'un caractère national ou universel, rédigée pour tout un grand pays ou pour le monde catholique, relève de l'évêque du diocèse où elle s'imprime ? L'observation n'était pas sans portée. Sur ce point, les ultramontains rebelles à l'autorité diocésaine avaient beau sembler en contradiction avec leurs maximes, ils avaient pour eux la raison et la logique, parce que, cette fois, ils tenaient compte des mœurs nouvelles, des habitudes et des nécessités de cette société moderne dont ils n'avaient cure d'ordinaire. Aux reproches de l'archevêque de Paris l'accusant de paralyser l'autorité épiscopale, les avocats du journalisme religieux répliquaient en accusant l'archevêque de s'arroger une juridiction quasi universelle sur la presse catholique qui rayonne de Paris, et d'usurper ainsi une sorte d'autorité patriarcale sur l'Église de France. Condamné à Paris, l'*Univers* en appelait à Rome [1].

En dehors même du sentiment personnel des journalistes catholiques, il était au fond naturel que le développement de la presse religieuse tournât au profit de l'ultramontanisme et de l'intervention de la curie romaine dans les affaires de l'Église de France. En contact et parfois en conflit avec les évêques, le journalisme catholique devait, pour s'émanciper de la tutelle des autorités ecclésiastiques voisines, chercher un point d'appui au dehors. Telle avait été la tactique de l'*Avenir*, telle était celle de l'*Univers*; sans qu'il s'en rendît compte, peut-être l'intérêt de sa propre indépendance n'était-il pas étranger à son zèle pour l'autorité de la chaire suprême.

Le Vatican, bien que cette puissance nouvelle dans l'Église s'exerçât dans le sens des prétentions romaines, n'avait pas les yeux entièrement fermés sur les périls de cette intrusion du jour-

[1] Voyez à cet égard M. l'abbé MAYNARD, *Mgr Dupanloup et son historien*, p. 83, 84. Cf. p. 65.

nal dans le sanctuaire, et encore moins sur les inconvénients des vivacités mondaines et des violences profanes de cette polémique. Plus d'une fois, nous l'avons déjà vu, Rome en arrêta les attaques et en modéra la passion ; mais, tout en regrettant parfois les écarts, les excès de langage ou d'idées de la feuille qui prétendait parler en son nom, tout en lui donnant souvent d'inutiles conseils de charité et d'esprit chrétien, le Saint-Siége était trop loin pour apprécier l'impression de pareils procédés sur le public français. En outre, depuis ses déceptions de 1848, Pie IX était lui-même enclin aux idées extrêmes ; il se montrait en tout cas moins soucieux de la prudence et moins politique que la plupart de ses prédécesseurs. La papauté enfin, de tous côtés en butte aux attaques d'une presse sans scrupule, trouvait dans le grand journaliste ultramontain un athlète trop redoutable, une plume trop faite à la guerre, un instrument trop puissant, pour le briser ou le désavouer. Rome est, du reste, peu pressée d'intervenir dans les querelles de ses enfants, elle n'aime pas à trancher d'autorité les discussions qui se livrent autour d'elle. Au lieu de prendre parti pour les uns contre les autres, elle préfère d'ordinaire assoupir les différends et recommander à tous la paix et la modération. Qu'on se rappelle la première grande feuille ultramontaine : l'*Avenir*. En dépit de toutes ses témérités de forme et de pensées, malgré l'antipathie générale du haut clergé, La Mennais n'eût pas été condamné, s'il n'eût lui-même exigé un jugement du Pape.

Quoi qu'il en soit, la domination d'un journal dans l'Église, à l'heure même qu'elle affichait officiellement le plus de dédain ou de défiance de la presse, restera l'un des spectacles les plus singuliers de l'histoire religieuse du siècle. La plus grande partie de l'épiscopat en était attristée, Mgr Dupanloup surtout, qui, avec son tempérament de lutteur, sentait mieux que personne la puissance de la presse dans le monde moderne. Il craignait qu'avec des journaux dirigés par des laïques, la direction des affaires ecclésiastiques ne risquàt de se déplacer et d'échapper aux chefs naturels de l'Église, de manière qu'on vit chez elle la queue mener la tête. Aussi l'un de ses projets favoris, durant toute sa vie, avant 1848 comme après 1870, fut-il d'avoir à sa disposition un organe quotidien, vœu qu'il put réaliser durant quelques années, avec l'*Ami de la religion* après 1848, avec la *Défense* plus tard. Mais, si précieux que soit pour le clergé un pareil instrument, la possession n'en est pas sans danger. Il y a là de toute façon pour l'Église une sérieuse difficulté pratique. Aux mains des laïques, la presse religieuse menace de subalterniser le clergé et les évêques. Aux mains des chefs de la hiérarchie, rédigé par des plumes épiscopales ou ecclésiastiques, un journal présente des inconvénients d'un autre genre et souvent non moindres. Toujours est-il que, durant sa longue guerre avec l'*Univers,* l'évêque d'Orléans se vit le plus souvent réduit pour toute arme aux brochures, aux revues, aux mandements, aux lettres à son clergé. C'était là un duel inégal, où, faute de pouvoir porter les derniers coups, la victoire devait rester au journaliste.

En vain, dans un mandement de 1852, l'évêque demandait-il publiquement « si quelques laïques, abusant de la puissance que leur donnait un journal, pouvaient dans l'Église, chaque matin, parler de tout et à tous, décider à temps et à contre-temps, prendre dans les plus graves questions de doctrine et de conduite l'initiative du jugement, de la décision, de la condamnation; si, lorsqu'un évêque donne à ses prêtres des instructions pour les éclairer et les diriger, il serait permis à l'*Univers* de venir se mettre entre l'évêque et ses prêtres pour enseigner les prêtres après et contre leurs évêques [1] ». Le laïcisme,

[1] L'abbé Lagrange, *Vie de Mgr Dupanloup,* t. II, p. 130. Il est à remarquer que les défiances de Mgr Dupanloup et de

ainsi dévoilé par une bouche épiscopale, régnait en maître sur la portion la plus nombreuse du clergé, et ce qui navrait l'âme des évêques et des pasteurs les plus clairvoyants, c'est que, à l'inverse de ce qu'on aurait pu croire, cet ascendant des laïques s'exerçait toujours dans le sens le plus opposé à l'esprit de la société laïque, dans le sens le plus étroit, le plus outré ; c'est que toute leur politique n'était qu'une sorte d'anachronisme fait pour scandaliser les peuples et effaroucher le siècle.

Malgré les protestations de l'évêque d'Orléans et les plaintes éloquentes de Montalembert contre « les modernes inquisiteurs », un journal n'en continuait pas moins à s'établir en face des évêques et du Saint-Siège comme le défenseur de la foi et le censeur de l'épiscopat. Et ce rôle dénoncé par Mgr Dupanloup comme contraire à l'esprit et aux règles de l'Église, comme attentatoire à l'ordre hiérarchique, ce journal le rem-

ses amis pour l'*Univers* et le journalisme étaient bien antérieures à leur rupture avec M. Veuillot. Dès 1844 et 1845, alors qu'il ne s'était encore manifesté entre eux aucune divergence de principes, les chefs du parti catholique, inquiets des procédés de l'*Univers*, avaient essayé de le placer sous la surveillance d'un comité ayant à sa tête Mgr Dupanloup ou le P. Lacordaire. Le plan avait échoué devant les résistances du directeur du journal. (Voyez l'abbé LAGRANGE, t. II ; cf. l'abbé MAYNARD, *Mgr Dupanloup et son historien,* p. 40-42.)

plissait avec une superbe assurance, se réservant le monopole de l'orthodoxie, traçant à son gré autour des consciences fascinées le cercle hors duquel il n'y a plus de catholiques, « tranchant précipitamment, témérairement, violemment, toutes les questions religieuses, et, quand une fois il les avait tranchées, ne tolérant aucune dissidence, de quelque part et de quelque haut qu'elle vînt [1] ».

Tous ceux qui n'acceptaient pas docilement les oracles quotidiens du journal en vogue se transformaient pour lui en ennemis de l'Église ou de la papauté, en mécréants, en hérétiques. Ainsi en

---

[1] Le pape Léon XIII, dans une lettre au nonce apostolique en France, s'est, on ne l'a pas oublié, exprimé récemment avec sévérité sur cette prétention persistante d'une partie de la presse religieuse. Après avoir rappelé que c'est au Saint-Siège et aux pasteurs établis pour gouverner l'Église qu'appartient de droit le ministère doctrinal, et que les simples fidèles n'ont d'autre devoir que d'accepter les enseignements qui leur sont donnés, Léon XIII continue en ces termes : « Les journaux catholiques devront en cela donner les premiers l'exemple. Si, en effet, l'action de la presse devait aboutir à rendre plus difficile aux évêques l'accomplissement de leur mission ; s'il en résultait un affaiblissement du respect et de l'obéissance qui leur sont dus ; si l'ordre hiérarchique établi dans l'Église de Dieu en était atteint et troublé, les inférieurs s'arrogeant le droit de juger la doctrine et la conduite de leurs vrais docteurs et pasteurs, l'œuvre de ces journaux ne serait pas seulement stérile pour le bien, mais, par plus d'un côté, elle serait grandement nuisible. » (Lettre du 4 nov. 1884.)

fut-il de ses anciens amis les catholiques libéraux, devenus les plus odieux de ses adversaires.

Selon ses procédés habituels, l'*Univers* chercha à transporter le différend du terrain politique, où il avait pris naissance, sur le terrain religieux, où les ultras espéraient avoir définitivement raison des modérés, se flattant, après les avoir rendus suspects à Rome, de leur faire clore la bouche par la suprême autorité ecclésiastique. Pendant que les uns, demeurés fidèles aux croyances de leur jeunesse, persistaient, en dépit de la banqueroute de leurs espérances, à maintenir la compatibilité de la foi et des libertés publiques, les autres érigeaient hardiment leur incompatibilité en dogme, faisant du libéralisme une révolte contre l'Église et l'enseignement du Christ. L'orthodoxie des Montalembert, des Lacordaire, des Dupanloup même, était habilement et sournoisement mise en suspicion, si bien que, dans le clergé, beaucoup se demandent encore si c'étaient là de vrais catholiques. Les contempteurs de la société moderne, qui se plaisaient à confondre l'ordre spirituel et l'ordre temporel, prêtaient à leurs adversaires la même confusion, s'imaginant ou feignant de croire que le libéralisme des catholiques libéraux débordait sur le domaine religieux. C'était là une erreur ou un artifice de polémique.

Ce que ses adversaires s'obstinaient à dénommer « le catholicisme libéral », comme si c'eût été un catholicisme de nouvelle sorte, est toujours, nous l'avons déjà remarqué, resté purement politique, étranger à la sphère religieuse ou théologique, à la discipline aussi bien qu'au dogme. Les plus hardis de ses adeptes ont pris eux-mêmes soin de le constater : s'ils invoquaient la liberté, ce n'était pas à la façon de Luther, contre le pouvoir spirituel ; c'était la liberté dans le sens politique, vis-à-vis du pouvoir civil et de la force brutale. C'était, comme disait Lacordaire, « la liberté, qui n'est que le respect des convictions d'autrui, qui ne touche en rien au dogme, à la morale, au culte, à l'autorité du christianisme, qui lui retire seulement le secours du bras séculier, se confiant à la force intime et divine de la foi, qui ne saurait faillir faute d'un glaive matériel levé contre l'erreur [1] ». Il est vrai que cela même en était trop pour les panégyristes convaincus des plus sombres pages de l'histoire du moyen âge. Il n'en reste pas moins certain que, dans cette école « catholique libérale », il n'y eut jamais, sous ce rapport, rien de comparable à ce qu'on a plus récemment appelé le protestantisme libéral. Pour

---

[1] LACORDAIRE, *Discours sur la loi de l'histoire*, 1854.

trouver quelque chose d'analogue chez les catholiques, il faut descendre à l'obscure et impuissante école de Bordas-Dumoulin et de Huet.

Une pareille équivoque servait trop bien les intérêts des ultras pour qu'ils y renonçassent. Faute de mieux, on affichait la crainte que les avances des libéraux ou des politiques à la société moderne s'étendissent à l'esprit moderne et à la science incrédule. On donnait à entendre qu'ils étaient prêts à transiger sur le dogme, « qu'ils conseillaient d'abroger quelques disciplines surannées, de rayer du symbole quelques articles insignifiants [1] ». Un catholique se permettait-il de combattre la rouille de la superstition qui ternit trop souvent la vertu des âmes simples, montrait-il de la défiance pour de prétendus miracles, pour de nouvelles apparitions de la Vierge ou pour les ineptes prophéties en circulation dans certain milieu [2], il était accusé de rationalisme et de naturalisme en même temps que de libéralisme, triple note infamante, que, tout en se déclarant captif de l'orthodoxie, Montalembert, vieilli, réclamait avec une fierté triste [3]. Au

---

[1] Voir M. DE FALLOUX, *le Parti catholique.*

[2] Voyez, par exemple, Mgr DUPANLOUP, *Lettre sur les prophéties publiées dans ces derniers temps.* 1874.

[3] MONTALEMBERT, Introduction des *Moines d'Occident.*

lieu d'attribuer toutes les victoires du christianisme à l'intervention directe du ciel et à des
prodiges surnaturels, un écrivain avait-il l'audace
de découvrir, dans les grandes révolutions religieuses, la trace des lentes influences historiques
et de l'enchaînement naturel des faits, on lui
jetait à la face le nom barbare de « naturiste ».
Tel fut, par exemple, le reproche encouru par le
prince Albert de Broglie, quand il préludait à ses
belles études sur l'histoire moderne par ses
curieuses recherches sur l'Église et l'empire
romain au quatrième siècle. Il est vrai que la critique de cette étroite et jalouse orthodoxie s'en
prenait également aux morts, à commencer par
les gloires les plus solides de l'Église de France,
de Bossuet aux Bénédictins de Saint-Maur. On
eût dit que, non contents de proclamer l'antagonisme de la religion et de la liberté, ces singuliers
défenseurs du catholicisme eussent voulu persuader le siècle de l'incompatibilité de la foi et
de la science, de l'orthodoxie et de l'histoire.

Dans l'étroitesse de leur intolérance, les adversaires des catholiques libéraux en vinrent à reprocher à Mgr Dupanloup et à ses amis leur indul-
gence envers « les hommes hostiles à la foi ». Si
habitué que l'on soit à l'injustice des partis, c'est
là en vérité le dernier des reproches que l'on eût

cru pouvoir être adressés à l'évêque d'Orléans. N'est-ce donc pas lui qui prodiguait les « avertissements » aux fidèles, aux pères de famille, aux hommes d'État, tantôt dénonçant, avec une bruyante véhémence, les piéges tendus à la foi des jeunes gens par l'incrédulité des maîtres, tantôt annonçant avec des accents prophétiques l'avénement « des Saint-Just, des Hébert, des Chaumette » de vingt ans dont Paris allait bientôt subir le règne sinistre[1]? Ne semblait-il pas s'être approprié le *Custos, quid de nocte?* avec le rôle de la sentinelle qui signale de loin l'approche de l'ennemi? Et, quand la foi lui paraissait menacée, il ne s'arrêtait ni devant la science, ni devant le talent, ni devant l'austérité et la noblesse de la vie. Les plus brillants écrivains, les penseurs les plus populaires de notre temps, les Renan, les Taine, les Littré, l'ont, tout comme Voltaire, rencontré sur leur chemin, et, si l'infatigable polémiste a

---

[1] *L'Athéisme et le péril social.* 1866. « Dans dix ans peut-être, ces hommes-là gouverneront. Le congrès de Liége et les articles de certains journaux révèlent les Saint-Just, les Hébert, les Chaumette, les Carrier futurs d'une nouvelle révolution démocratique et sociale. Les hommes les plus effroyables de 93 n'étaient pas autre chose que des jeunes hommes, disciples pratiques du naturalisme et de l'athéisme le plus éhonté, arrivés aux affaires et donnant, avec l'ardeur de leur âge et la fureur de leurs passions, les fruits naturels de leurs doctrines et de leur corruption. »

péché, ce n'est, croyons-nous, ni par excès de
tolérance, ni par tiédeur. Cela n'empêcha pas
l'évêque, qui ne put se résigner à siéger à l'Académie avec M. Littré, de s'être vu taxer de com-
plaisantes faiblesses. S'il ne se lassait pas de combattre l'athéisme, le matérialisme, le positivisme,
ne pactisait-il point avec des protestants comme
Guizot, avec des déistes comme Thiers, avec
des philosophes comme Cousin? Ne voyait-il pas
en eux plutôt des alliés que des adversaires? —
Au milieu de l'assaut donné au christianisme, ses
amis et lui ne se sont-ils jamais permis de regarder au delà des murs de l'Église et d'accepter le
concours suspect des hétérodoxes ou des rationalistes? — On ne saurait le nier, ils sont coupables d'avoir reconnu que, dans la confuse
mêlée intellectuelle de ce temps, ce qui est en
cause, ce n'est pas seulement le catholicisme, ni
même le christianisme, mais la religion, mais tout
spiritualisme et la société avec eux. Ils sont coupables de s'être refusés à traiter en ennemis les
hommes qui luttaient sous une autre bannière
pour la défense des principes communs. Aux yeux
de ceux qui ne veulent partout considérer que les
divergences, qui, au lieu de travailler à rapprocher les esprits, n'ont d'autre souci que d'accuser,
que d'exagérer, que d'envenimer les dissiden-

ces, cela seul était une marque de peu de zèle ou de peu de foi. C'en était assez pour être à tout le moins suspect de latitudinarisme [1].

Mais le grand crime, le grand grief pour les doctrinaires du double absolutisme, l'hérésie contenant en germe toutes les autres, c'était toujours le libéralisme, à la fois fils et père de l' « indifférentisme ». Dénaturant les idées les plus connues des catholiques demeurés fidèles à la liberté, l'*Univers* devait finir par les convaincre d'avoir secrètement formé dans les ténèbres une secte nouvelle. La fameuse formule que Montalembert eut le regret de se voir dérober par Cavour : « L'Église libre dans l'État libre », fut présentée comme la devise ou le mot d'ordre de la secte, et interprétée dans un sens manifestement étranger à Montalembert et à ses amis, comme si elle comportait la séparation de l'Église

---

[1] M. l'abbé MAYNARD a tout un chapitre sur ce sujet : *Mgr Dupanloup et son historien*, Ire partie, chap. VII. L'*Univers* y reproche par sa plume à Mgr Dupanloup, aidé de M. de Falloux, de Montalembert, de Lacordaire même, de s'être employé, à l'encontre de Mgr Pie, à épargner les censures de l'*Index* à M. Cousin pour son livre, tant remanié et épuré, *Du Vrai, du Beau, du Bien*. — Remarquons en passant que, dans sa polémique à propos de l'élection de Littré à l'Académie, Mgr Dupanloup n'était pas poussé par ses amis catholiques, mais bien par M. Cousin. C'est là un fait mis en lumière par le biographe de l'évêque d'Orléans.

et de l'État ou la subordination de l'Église au pouvoir civil. Une inscription commémorative, placée par Montalembert dans la chapelle de son château de la Roche en Brénil, rappelait que ses amis et lui s'étaient de nouveau, en 1862, engagés à consacrer le reste de leurs années à Dieu et à la liberté [1]. Cette plaque de marbre devait, au plus fort des malheurs de la France, entre le siége de Paris et la Commune, être dénoncée comme le manifeste de la secte et le témoin révélateur des « mystères » célébrés par Montalembert et MM. de Falloux, Albert de Broglie, Foisset, Cochin, sous les auspices de Mgr Dupanloup, présenté comme « le pape de cette sorte de concile catholique libéral [2] ».

[1] Nous empruntons le texte de cette inscription, datée de 1862, à M. DE FALLOUX, *Aug. Cochin : In hoc sacello, Felix Aurelianensis episcopus panem verbi tribuit et panem vitæ christianæ amicorum pusillo gregi, qui, pro Ecclesia libera in libera patria commilitare jamdudum soliti, annos vitæ reliquos itidem Deo et libertati devovendi pactum instaurare. Aderant, etc.*

[2] Voyez, outre l'*Univers* du 8 mars 1871 et le *Correspondant* du 25 mai 1874, l'abbé MOREL, *Somme contre le catholicisme libéral*, et l'abbé MAYNARD, *Mgr Dupanloup*. — La formule de Montalembert avait, de son vivant même, été l'objet de tels commentaires, qu'il lui avait fallu l'interpréter, et finalement l'amender, si ce n'est l'abandonner. A : « l'Église libre dans l'État libre » il substitua : « l'Église libre dans la nation » ou « la patrie libre », afin d'enlever tout prétexte à ceux qui lui reprochaient de vouloir mettre l'Église dans

l'État. L'inscription de marbre de la Roche en Brénil porte déjà : *Ecclesia libera in libera patria*. La soupçonneuse orthodoxie de la feuille ultramontaine n'en vit pas moins une hérésie dans la préposition *in, dans;* si bien qu'à la fin Montalembert et ses amis se contentèrent de dire : « L'Église libre et la patrie libre. » On voit jusqu'à quelles arguties descendaient ces polémiques. Ce qu'il y a de curieux, c'est que l'inscription de la Roche en Brénil fut, en 1871, opposée par certains catholiques à M. Cochin pour l'empêcher d'être nommé ambassadeur près du Saint-Siége, et que, de nouveau, en 1874, elle fut l'occasion de virulentes attaques contre le duc de Broglie et le ministère qu'il présidait.

CHAPITRE XI

Cette hérésie, dont la feuille ultramontaine dévoilait ainsi tardivement les fastes occultes, on s'était flatté de l'étouffer à jamais sous l'encyclique *Quanta cura* et le *Syllabus*. On voyait dans ce dernier la bulle *Unigenitus* de ces nouveaux jansénistes, non moins dangereux et non moins haïs que les solitaires de Port-Royal, et l'on se réjouissait qu'un pareil coup leur vînt d'un pape qui les avait naguère encouragés de ses exemples, du pontife patriote et libéral dans lequel l'Italie et la France avaient salué l' « ange de la concilia-tion ». Le *Syllabus* éclata comme un coup de

11.

foudre en décembre 1864, quelques jours après la divulgation de la convention du 15 septembre, comme une réponse du Vatican à un arrangement qui disposait de lui sans lui.

Ce n'était cependant pas, ainsi que l'a écrit le Père Curci [1], un document bâclé à la hâte ou un coup de tête de Pie IX. Chez le Pape, revenu de ses premières illusions et leur gardant les rancunes d'un esprit déçu et d'un cœur blessé, c'était un projet déjà ancien. Dès 1852, à en croire un historien ecclésiastique, le Souverain Pontife avait fait adresser à quelques évêques un questionnaire latin en vingt-huit chapitres « sur les erreurs du temps », touchant le dogme et spécialement la morale et la politique [2]. Ce projet fut en tout cas repris dix ans plus tard, en 1862, et cette fois les nombreux évêques réunis à Rome pour la canonisation des martyrs japonais furent consultés confidentiellement. Dans l'intervalle, en 1860, Pie IX aurait, nous dit-on, fait prévenir de

---

[1] *Il Vaticano Regio tarlo superstite della Chiesa*, 1883.

[2] L'abbé MAYNARD, *Mgr Dupanloup*, p. 127. M. Eugène Veuillot nous apprend, dans une note à l'ouvrage de son collaborateur, que ce questionnaire avait été en même temps adressé à un laïque, M. Louis Veuillot, avec l'invitation de donner, lui aussi, son avis sur les points signalés aux évêques. Il serait curieux de savoir en quels termes était rédigée cette invitation au directeur de l'*Univers*.

ses intentions Mgr Pie, évêque de Poitiers, en lui demandant des notes à ce sujet. Mgr Pie, qui dans l'épiscopat français était à la tête du parti favorable à l'*Univers*, aurait en ses réponses dénoncé au Vatican les maximes de certains catholiques sur les libertés modernes comme contraires aux constitutions antérieures des papes, et, pour couper court à de pareilles tendances, l'évêque de Poitiers aurait instamment demandé une encyclique solennelle qui fixât sur ces points les croyances indécises [1]. La même année, un prélat non moins illustre, celui que Sainte-Beuve appelait un Platon chrétien, Mgr Gerbet, l'ancien collaborateur de La Mennais à l'*Avenir*, prenant les devants sur la chaire romaine, publiait un mandement (23 juillet 1860), qui était une sorte de préface du *Syllabus*.

Toujours est-il qu'en juin 1862, Pie IX avait fait consulter les évêques, rassemblés à Rome, sur un semblable *catalogue* d'erreurs ; le mot *Syllabus*, on le sait, n'a pas d'autre sens. Mgr Dupanloup, qui ne pouvait être soupçonné de redouter de nouveaux combats, avait averti le cardinal Antonelli de l'orage que ne manquerait pas de

---

[1] Tel est le récit de M. l'abbé Maynard, chanoine de la cathédrale de Poitiers. Ouvrage cité, p. 127-128.

soulever une pareille publication [1]. Ce premier *Syllabus* était, paraît-il, emprunté presque mot pour mot au mandement de Mgr Gerbet, ce qui était peu d'accord avec les usages de la curie romaine. Il fut mis de côté; mais, sous le règne de Pie IX, la Prudence, dont la figure allégorique décore tant de salles du palais apostolique, avait perdu au Vatican une bonne part de son vieil empire. Un nouveau *Syllabus,* cette fois extrait des actes mêmes du pontificat de Pie IX, parut à l'improviste à la fin de 1864.

La publication en fut accueillie avec enthousiasme dans le clan des adversaires des libertés publiques. Ils le saluèrent comme la réponse de Rome « aux congrès de Malines », au congrès de 1863 notamment, où Montalembert, fidèle au pacte de la Roche en Brénil, avait reproduit, devant les catholiques de Belgique, le langage que, sous Louis-Philippe, il avait si souvent fait applaudir des catholiques français. Banni, depuis 1857, du Corps législatif, mollement soutenu par le clergé dans la lutte qu'il venait de tenter contre le candidat officiel, l'orateur catholique, auquel la parole était interdite dans sa patrie, avait pour la dernière fois retrouvé une tribune

---

[1] L'abbé LAGRANGE, *Vie de Mgr Dupanloup,* t. II.

chez un de ces petits États qui, aux heures les plus sombres du siècle, sont demeurés les citadelles de la liberté européenne [1].

Dans ses deux discours de Malines, l'ancien pair de France avait hardiment abordé ce qui, depuis une douzaine d'années, formait le fond de la polémique des catholiques. Il avait développé sa thèse habituelle de l'alliance de la liberté religieuse et de la liberté politique. Il n'avait pas craint de rééditer en public sa formule de « l'Église libre dans l'État libre », que M. de Cavour, en la lui empruntant, venait de rendre suspecte aux catholiques. Il avait osé faire l'apologie de l'édit de Nantes et rattacher à la tolérance religieuse la glorieuse fécondité de l'Église de France au dix-septième siècle. C'était peut-être montrer moins de prudence que de courage. Un pareil langage devant un semblable auditoire, à une telle époque, ne pouvait manquer de soulever les colères du camp adverse, non-seulement en France, où la majorité du clergé était déjà asservie aux doctrines antilibérales; mais en Belgique même, où

[1] Montalembert s'était rendu au congrès de Malines de 1863 avec M. Cochin et le prince de Broglie. Mgr Dupanloup, sur le conseil de ses amis, prit seul part au congrès de 1864. « Nous autres, disait Aug. Cochin, nous sentons trop la poudre. »

les catholiques n'étaient plus, comme vingt ans auparavant, unanimes à applaudir Montalembert. Ils avaient depuis lors subi des défaites; ils avaient été aigris par la perte du pouvoir; ils soupçonnaient leurs adversaires de vouloir leur rogner leur part des libertés publiques. Bref, les thèses extrêmes soutenues en France par la presse religieuse avaient pénétré jusque sous les voûtes de Sainte-Gudule et dans les sept nefs de la cathédrale d'Anvers.

C'est de la France cependant, devenue le quartier général des ultras, qu'étaient parties les plus ardentes dénonciations contre les discours de Malines. Beaucoup eussent voulu voir le Vatican condamner formellement l'incorrigible vétéran des luttes pour la liberté religieuse. Mgr Dupanloup, qui avait passé le printemps à Rome, y revint dès l'automne, afin, prétend-on, de détourner le coup qui menaçait son ami [1]. Il n'y eut pas de condamnation, mais, un an plus tard, il y eut le *Syllabus,* qui, pour les adversaires de Montalembert, en tint lieu.

Quelque retentissement qu'aient eu à Rome les congrès de Malines, les discours de Montalembert ont pu hâter la publication du *Syllabus*, ils n'ont

[1] L'abbé MAYNARD, p. 126.

pu la suggérer. La rédaction du *Syllabus* était arrêtée en principe au moins depuis l'été de 1862, c'est-à-dire un an avant le premier congrès de Malines. Aux yeux de Pie IX qui en faisait lentement élaborer le texte sous la direction du cardinal Bilio, ce n'était pas là une œuvre de circonstance, et cela même en aggravait la publication. On ne saurait donc considérer le *Syllabus* comme une réplique *ab irato* aux discours de Montalembert. Il y est question de bien d'autres choses que du libéralisme et du « naturalisme politique ». Il est vrai que dans cette sorte de manuel des erreurs contemporaines, croyants et libres-penseurs ne s'attachèrent guère qu'aux questions débattues dans les controverses des catholiques.

La presse, de même que les chancelleries, accueillit le *Syllabus* comme une déclaration de guerre à la société moderne. Ainsi l'entendaient d'un commun accord, et les catholiques, qui en avaient provoqué l'apparition, et les incrédules, contre lesquels étaient dirigées les foudres pontificales. L'Église, à la grande joie de ses pires adversaires comme de ses enfants aveugles, semblait confesser elle-même son incompatibilité avec la civilisation et le progrès modernes. Elle semblait prendre à son compte le terrible dilemme posé aux peuples, depuis le dix-huitième siècle

et la Révolution, par les ennemis déclarés du catholicisme, et dire à son tour qu'il fallait choisir
entre elle et la liberté, entre les convictions du
citoyen et les espérances du chrétien. La papauté
paraissait souscrire officiellement à la plus grave
des accusations lancées contre elle; elle se proclamait d'accord avec les adversaires irréconciliables du christianisme sur le point qu'elle avait
le plus d'intérêt à leur contester. Le coup, en
apparence dirigé contre le libéralisme catholique,
frappait tout droit le catholicisme lui-même,
ainsi voué des deux bords opposés à la haine
des peuples libres non moins qu'aux défiances
des gouvernements.

Les catholiques libéraux, que les ultras prétendaient directement visés, en étaient consternés
moins pour eux-mêmes que pour l'Église et la
papauté, si inconsidérément découverte. Qui se
sentait de force à faire face à la fois aux incrédules et
aux fanatiques, également triomphants des anathèmes de Pie IX? Un laïque, un simple prêtre, eût
manqué d'autorité; l'évêque d'Orléans s'en char-
gea, et l'on ne saurait nier qu'il le fit avec
autant d'habileté que de résolution.

Comme un général qui, sur le champ de
bataille, répare les fautes de son souverain,
Mgr Dupanloup, dégageant l'Église de ses enfants

perdus et abandonnant les téméraires lancés en avant au milieu de l'ennemi, couvrit une retraite devenue nécessaire. Avec un singulier coup d'œil stratégique, il joignit la question romaine à l'encyclique, prenant l'offensive contre la convention de septembre, gardant la défensive sur l'encyclique et le *Syllabus*. Ce dernier, il ne le contestait point, ainsi que d'autres l'ont essayé, comme un document anonyme ne portant pas la signature du Pape, n'ayant par suite aucune valeur doctrinale, ne pouvant du moins prétendre à l'autorité d'un article de foi. Il l'acceptait au contraire comme émanant du Souverain Pontife, et, à ce titre, il le défendait à l'aide des procédés théologiques habituels, à l'aide de distinctions et de définitions. Remontant aux documents originaux d'où étaient extraites les propositions condamnées, il soutenait qu'on les avait mal comprises, qu'on en avait étendu la portée ou altéré le sens, chose en effet souvent incontestable, mais dont la première faute revenait au *Syllabus,* à cette manière de présenter à la foi des fidèles des propositions détachées et souvent tronquées, par là même obscures ou ambiguës jusqu'au point de sembler parfois de véritables énigmes [1].

____

[1] Un prélat distingué, Mgr de Mérode, si je ne me trompe,

Non content de cette apologie ainsi appuyée sur les pièces et pour ainsi dire documentaire, l'avocat du *Syllabus* pesait et analysait « ces vastes et vagues mots » de société moderne, de civilisation, de progrès, de libéralisme, qui, sur les lèvres des hommes, sont loin de toujours avoir le même sens, affirmant que ni dans les sciences, ni dans les arts, ni dans les lois, le catholicisme n'a jamais repoussé le vrai progrès, la vraie liberté, la vraie civilisation; réclamant hardiment tous ces grands mots et ces grandes choses pour le christianisme contre des adversaires qui les dénaturent en s'en emparant. Si le Pape osait condamner ceux qui engageaient le Saint-Siége à se réconcilier « avec le progrès et la civilisation moderne », comment imaginer en effet que dans cet anathème le Pape eût en vue le véritable progrès et la civilisation véritable[1]?

disait à ce propos dans son libre et spirituel langage : « On ne met pas ainsi la vérité en charades. »

[1] Quelques années plus tard, au troisième congrès de Malines, en 1867, Mgr Dupanloup revenait sur cette idée en présence de Mgr Deschamps, alors évêque de Namur. Signalant la puissance des mots, il déplorait que les catholiques se fussent laissé arracher par leurs adversaires les noms glorieux de réformés, de philosophes, de libéraux. Ces titres, le dernier en particulier, il les revendiquait pour ses coreligionnaires, ne voulant laisser à leurs antagonistes que le nom de « libérâtres ».

Un fait certain, c'est qu'en dehors même des catholiques, nos contemporains sont bien loin d'entendre de la même manière, et la liberté, et la civilisation, et le progrès. Si, au lieu de se contenter de mots aussi vagues qu'amples et sonores, ils voulaient, sous chacun de ces termes qui flattent notre imagination par leur vague même, placer une idée précise, combien imiteraient les théologiens dans le nombre et la subtilité de leurs distinctions! Pour la liberté, l'évêque d'Orléans en faisait une dont les ultra-catholiques n'étaient pas seuls à avoir besoin; c'était celle de la liberté civile, de la liberté politique et de la liberté morale. Plus d'un esprit indifférent aux anathèmes de Rome reproche aux libéraux, tout comme certains catholiques, d'admettre indistinctement, sous prétexte de libéralisme, la liberté du mal avec la liberté du bien, la liberté de l'erreur comme celle de la vérité; ce qui, dit-on, assimile en principe l'erreur à la vérité et le mal au bien. C'est là une confusion.

Devant la morale, de même que devant la religion, la liberté civile et la liberté de conscience ne supposent nullement l'égalité du bien et du mal, l'égalité du vrai et du faux, ou leur liberté au même titre. La liberté politique n'implique pas plus, au point de vue moral, le droit au mal, que la liberté de conscience n'implique le droit à l'erreur. Comme le disait l'évêque d'Orléans dans son commentaire du *Syllabus*, la conscience, pour être libre, n'en est pas moins obligée en face du devoir et en face de la vérité. La liberté politique ne saurait la soustraire à aucun devoir. Libre devant l'État et la loi humaine, l'homme reste obligé devant Dieu et devant sa conscience. Sur ce point, tous les philosophes seraient d'accord avec les théologiens, et ce n'est peut-être pas le seul.

Pour qui veut aller au fond des choses sans se laisser rebuter par le jargon scolastique, on est surpris de découvrir que, loin d'être toujours spéciales à l'Église ou de découler uniquement de ses dogmes, les condamnations prononcées par le *Syllabus* se retrouvent souvent dans les objections des moralistes, dans les réserves des philosophes ou des politiques, en face de certaines manières de comprendre la démocratie, la liberté, le progrès.

Sous la plume de l'évêque d'Orléans ou de l'archevêque de Paris, Mgr Darboy, — l'épiscopat, à la différence de la presse religieuse, était généralement enclin à interpréter les actes pontificaux dans le sens le plus modéré[1], — les pro-

---

[1] Voyez notamment *M. Veuillot et les évêques de France,* par M. l'abbé ANSAULT, 1869.

positions en apparence les plus choquantes du *Syllabus* se résolvaient parfois en simples axiomes de morale, en une espèce de « truismes » d'une incontestable vérité. Ainsi, par exemple, le suffrage universel, salué en 1848 par Mgr Parisis et d'autres évêques comme une application pratique de l'égalité chrétienne [1], paraissait en 1864 au nombre des aberrations contemporaines anathématisées par le Saint-Siége. En remontant aux textes originaux, les interprètes mitrés du *Syllabus* démontraient qu'il n'en était rien. Loin de toujours condamner le suffrage universel, et avec lui l'équivoque principe de la souveraineté du peuple, le Pape se bornait à rappeler que le nombre ne fait pas le droit ; que, pour savoir où est la vérité, il ne suffit pas de compter les voix, que la multitude elle-même n'a pas le droit de tout faire, en d'autres termes, que la force n'est pas le droit. Ainsi entendu, le *Syllabus* se trouvait converti en défenseur du sens commun, de l'éternelle morale et de la liberté elle-même contre les sophismes des courtisans de l'absolutisme populaire et les violences de la force brutale.

Comme pour l'encyclique *Mirari vos* de Grégoire XVI, dont l'encyclique *Quanta cura* et le

---

[1] *Instruction pastorale de l'évêque de Langres pour les élections.*

Syllabus n'étaient guère qu'une reproduction grossissante, les deux points les plus malaisés à expliquer dans un sens conforme aux idées modernes, c'était ce qui concernait la liberté de la presse et la liberté des cultes. Pour la première, les glossateurs s'en tiraient en soutenant que Pie IX, de même que Grégoire XVI, n'avait condamné que la liberté illimitée, *omnimodam libertatem,* c'est-à-dire la licence effrénée, à laquelle l'intérêt public ou l'intérêt privé ont presque partout contraint de marquer une borne.

Quant à la liberté des cultes, à la liberté de conscience, le dissentiment entre ce que nous appelons les idées modernes et les vues de l'Église était plus profond. Aucun ecclésiastique n'eût pu le nier; mais, tout en le reconnaissant en principe, un catholique pouvait représenter qu'en fait cette divergence de vues n'avait pas dans l'application l'importance que lui attribuaient les ennemis de l'Église ou ses imprudents amis. C'est ce que faisait l'évêque d'Orléans, déclarant que, si elle ne pouvait admettre la liberté des cultes comme un droit primordial, antérieur, absolu, la papauté l'admettait comme un droit politique fondé sur un fait; rappelant que le Saint-Siége ne condamne pas les constitutions où cette liberté est inscrite; disant seulement que l'Église garde un autre idéal, et qu'il ne faut pas lui demander « de transformer en vérités absolues des nécessités relatives ».

Nous touchons ici à ce qui est le caractère propre du *Syllabus* et de tous les actes pontificaux du même genre. Pour les apprécier, il ne faut pas oublier que ce sont avant tout des déclarations de principes, visant les doctrines plutôt que leur application, « la thèse et non l'hypothèse », les systèmes philosophiques ou politiques, et non les législations ou les constitutions existantes [1]. Les papes et les théologiens qui émettent ces principes raisonnent en quelque sorte dans l'abstrait, pour une société ayant conservé l'unité de foi et filialement soumise à l'autorité pontificale. Ils font à leur manière, si j'ose ainsi parler, leur île d'Utopie, leur Salente, ou leur République de Platon, exposant, d'après leurs maximes, les lois d'une société parfaite, sans se préoccuper des nécessités contingentes et des réalités actuelles, ce qui ne les empêche nullement d'en tenir compte dans la pratique, de s'y accommoder et de se faire aux circonstances. Quand les règles idéales ainsi posées seraient en contra-

[1] C'est ce que, en dehors des interprètes ecclésiastiques du *Syllabus*, a parfaitement mis en lumière M. Émile OLLIVIER : *l'Église et l'État au concile du Vatican*, t. II, p. 373-374.

diction manifeste avec les principes de notre droit public, y aurait-il là de quoi alarmer sérieusement les gouvernements et les peuples modernes? Non, en France du moins, car, chez nous, les fanatiques ou les illuminés, qui rêvent de construire sur la terre une sorte de contrefaçon de la Jérusalem céleste, sont les seuls à voir en de telles maximes une règle de conduite applicable à notre temps et à notre état social. Les autres, non-seulement les catholiques qui, au contact du siècle, se sont plus ou moins entachés d'idées libérales, mais tous ceux qui ont quelque esprit politique ou quelque sens pratique, sentent la folie de pareils songes et prennent à tâche de s'en disculper. Ils s'efforcent de rassurer les princes et les peuples en leur rappelant qu'en fait, dans la sphère concrète, l'Église n'a jamais condamné aucune forme de gouvernement ni aucune constitution politique.

C'est par cette réflexion que l'évêque d'Orléans terminait sa défense du *Syllabus,* et, quelque réserve que pût susciter tel ou tel point de son argumentation, quelque défiance que dût inspirer la conduite des catholiques au pouvoir en telle ou telle circonstance, il était malaisé pour les esprits non prévenus, pour les esprits libéraux notamment, avant tout préoccupés des intérêts de la liberté et soucieux de ne lui aliéner personne, de ne pas se féliciter de pareilles conclusions. Sur le terrain des faits, disait l'interprète ecclésiastique, dans la sphère pratique, nous pouvons nous entendre : n'est-ce pas là l'essentiel? Il ne s'agit pas de décider si, aux yeux de l'Église, les constitutions politiques reposent sur des déclarations de principes vraies ou erronées. La question est de savoir si les catholiques peuvent accepter les libertés politiques modernes comme des lois ou des institutions amenées par les nécessités d'un temps ou d'un pays; or, à ce titre, où le *Syllabus,* où l'encyclique les condamnent-ils ? Nulle part.

Une telle interprétation, qui n'était en réalité qu'une glose éloquente de thèses déjà anciennes, ne pouvait plaire aux violents d'aucun parti, ni à ceux qui prétendaient anathématiser la société moderne, ni à ceux qui voulaient excommunier le catholicisme de la civilisation. Aussi les uns et les autres déclarèrent-ils à l'envi que l'évêque d'Orléans et ses amis n'avaient fait que défigurer les actes pontificaux. Les intransigeants de l'ultramontanisme ne se contentaient pas de traiter de timides les catholiques qui contestaient l'opportunité du *Syllabus,* et d'habiles ceux qui essayaient d'en atténuer la portée; ils mettaient une telle passion à soutenir sur ce point les ennemis avérés de l'Église, à fermer toute porte de sortie aux apologistes ecclésiastiques, qu'ils flétrirent l'interprétation de Mgr Dupanloup du nom d'*Antisyllabus*. Comme s'ils n'eussent eu d'autre but que de révolter la raison et de scandaliser les peuples, ils maintenaient que tout libéral tombait nécessairement sous la réprobation de l'encyclique, que le libéralisme était une sorte de manichéisme, car, en prétendant séparer l'ordre religieux de l'ordre civil et politique, il tend à faire dériver la religion et la politique de deux principes contraires ou du moins étrangers l'un à l'autre. Ils affirmaient qu'en aucun sens un catholique ne pouvait être ni se dire libéral. Ils tenaient à ce que, pour les fidèles, ce libéralisme détesté ne fût pas une affaire d'opinion politique, mais une affaire de dogme, persistant à contraindre les adversaires de l'*Univers,* les catholiques dits libéraux, à reconnaître leurs doctrines dans les propositions censurées [1].

Tout le clergé, quelque plié qu'il fût au joug, quelque façonné qu'il fût aux doctrines extrêmes,

---

[1] Ceux-ci, Montalembert tout le premier, se défendaient d'avoir jamais soutenu les libertés modernes dans le sens condamné par le *Syllabus,* et renvoyaient ce reproche à l'*Univers* d'avant 1849.

ne pouvait aller jusque-là. L'épiscopat surtout ne pouvait demeurer sourd aux cris de joie que le *Syllabus* avait fait pousser d'un bout à l'autre du camp hostile. Aussi, de tous les coins de l'Europe et du monde, fait unique sans doute dans l'histoire ecclésiastique, plus de six cents évêques (630), ce qui équivalait à une sorte de déclaration œcuménique, adhérèrent à l'interprétation de Mgr Dupanloup, et parmi eux se trouvait le cardinal Pecci, le futur Léon XIII, qui, dans sa cathédrale de Pérouse, a plus d'une fois tenu un langage analogue [1].

Le Vatican lui-même, dans son isolement aux extrémités désertes de Rome, n'était pas assez fermé aux bruits de ce monde pour ne pas entendre un écho des retentissantes clameurs soulevées par l'encyclique *Quanta cura*. On ne pouvait se dissimuler autour du Pape qu'en Italie, comme en France, en Belgique, en Allemagne, jusqu'en Amérique, le *Syllabus* avait, dans tout le monde civilisé, ranimé les haines et les défiances contre l'Église. La propagande anticatholique, appuyée sur les commentaires du journalisme ultramontain, y avait trouvé une arme nouvelle, avec un cri de guerre d'autant plus

---

[1] Voyez particulièrement les deux lettres pastorales du cardinal Pecci sur l'Église et la civilisation (1877 et 1878).

dangereux pour ceux qui l'avaient imprudemment fourni, qu'il sonnait d'une manière plus étrange et était moins intelligible à la foule [1]. Les catholiques belges, qui, quelques mois plus tôt, applaudissaient aux congrès de Malines, les Montalembert et les Dupanloup, en avaient été particulièrement émus. Il semblait que, de Rome, on eût pris plaisir à miner derrière eux le terrain sur lequel ils tenaient péniblement tête à leurs adversaires. Aussi la grande Revue romaine, *la Civiltà cattolica,* se crut-elle obligée de constater que le *Syllabus* et l'encyclique n'attaquaient « ni la Constitution belge, ni les droits et les devoirs des citoyens belges, ni leurs légitimes libertés politiques [2] ». Cette seule déclaration de l'organe romain eût renversé tout le système des ultras, la liberté des cultes étant formellement garantie par la Constitution belge.

Pie IX lui-même, soit qu'il eût été surpris du tumulte soulevé par son catalogue d'erreurs, et

---

[1] J'en puis citer comme exemple une anecdote caractéristique. Un prêtre de ma connaissance, passant en 1872 ou 1873 sur une des avenues de Versailles, entendit un ouvrier dire derrière lui à un autre : « Tu disais qu'il n'en restait plus, de *Syllabus?* Eh bien, en voilà un qui se promène. »

[2] « L'enciclica non offende punto la costituzione belga, nè i diritti e i doveri dè citadini di colà, nè le legitime loro libertà politiche. » (*Civiltà cattolica,* février 1865.)

qu'il désirât en atténuer l'effet, soit qu'il sentît simplement la nécessité de ne pas prendre au compte du Saint-Siége les extravagants commentaires d'une certaine presse, Pie IX adressa à Mgr Dupanloup un bref de félicitations. Le Saint-Père remerciait l'évêque d'Orléans, l'homme même qu'on affectait de considérer comme personnellement visé par le *Syllabus*[1] ; il le remerciait de la manière dont il avait défendu et interprété l'encyclique, le louant d'avoir réprouvé les erreurs condamnées « au sens où le Pape les réprouvait lui-même[2] ». Après une pareille approbation, il semblait difficile de répéter que Mgr Dupanloup avait trahi et dénaturé la parole pontificale. Cela ne gêna point les adversaires de l'*Antisyllabus* d'Orléans. Cela ne les empêcha pas d'écrire que ses commentaires avaient « violenté les enseignements du Saint-Siége, au point de les plier au sens des théories qu'il condamne[3] ». L'« hérésie libérale » frappée par le Pape, ils n'en persistèrent pas moins à la retrouver dans l'interprétation sanctionnée d'un bref de Pie IX, faisant eux-mêmes ce qu'ils reprochaient à Mgr Du-

---

[1] L'abbé MAYNARD, p. 137.

[2] « ... *et eodem plane sensu quo a nobis fuerant reprobati.* » Bref adressé dès le 4 février 1865.

[3] L'abbé MAYNARD, *ibid.*

panloup, épiloguant sur le bref pontifical, prétendant y découvrir un blâme dissimulé sous les éloges, comme si le Pape, dont ils célébraient l'indomptable énergie, eût pu s'oublier assez pour applaudir publiquement à des doctrines entachées d'erreur ou pour déguiser subrepticement son blâme sous des paroles ambiguës [1].

Toujours est-il que la question dont les ultras lui demandaient la solution, le *Syllabus* ne l'a pas tranchée. Si, comme on l'a dit, il était principalement destiné à mettre fin aux controverses des catholiques sur la société civile, le *Syllabus* a manifestement échoué. Cela est si vrai, qu'aujourd'hui, en 1885, le successeur de Pie IX écrit à son tour une encyclique pour mettre fin aux luttes domestiques des catholiques.

Si, comme le prétendaient les ultras, le *Syllabus* de Pie IX devait contraindre tout catholique à courir sus aux libertés modernes, le *Syllabus*

---

[1] Voici le texte ainsi retourné contre l'évêque honoré du bref. Le Pape, en terminant, se déclarait assuré que l'évêque d'Orléans expliquerait le véritable sens du *Syllabus* avec d'autant plus d'exactitude qu'il avait mis plus d'énergie à en repousser les interprétations calomnieuses : *Gratum itaque tibi significamus animum nostrum, pro certo habentes te eo accuratius traditurum esse populo tuo germanam nostrarum litterarum sententiam quo vehementius calumniosas interpretationes explosisti.* Voyez l'abbé LAGRANGE, *Vie de Mgr Dupanloup*, t. II, particulièrement l'édition in-12 (1885).

n'y a pas davantage réussi. Le libéralisme, bien que trop souvent dénaturé et faussé par l'esprit de parti, le libéralisme, quelque antichrétien qu'il se soit montré en certains pays, n'a pas été officiellement classé parmi les hérésies, et le serait-il, que les libertés civiles et politiques ne se trouveraient pas pour cela nécessairement condamnées. L'opinion des catholiques reste libre à cet égard après l'encyclique *Quanta cura* de Pie IX, aussi bien qu'après l'encyclique *Mirari vos* de Grégoire XVI. La distinction du fait et du droit, « de l'hypothèse et de la thèse », permet au croyant le plus timoré de mettre sa foi d'accord avec son patriotisme et sa conscience avec ses opinions politiques. Et cette liberté de fait dont les anathèmes du *Syllabus* n'ont pu le dépouiller, il n'est pas probable que Léon XIII ni aucun des successeurs de Pie IX la lui dispute jamais; il n'est pas vraisemblable qu'aucune encyclique aille dans ce sens au delà du *Syllabus*. L'Église a pour cela trop d'intérêt à laisser la question ouverte.

Est-ce à dire qu'au point de vue politique il ne reste rien du *Syllabus?* Telle ne saurait être notre pensée. Cette distinction même de la thèse et de l'hypothèse, aujourd'hui entrée dans la langue courante de la théologie, n'est pas sans importance. Cette distinction sur laquelle se fonde la liberté politique des catholiques, leurs adversaires peuvent s'en emparer et la retourner contre eux. Elle permet en même temps aux catholiques d'agir en libéraux, et à leurs adversaires de leur dénier cette qualité. S'il n'est pas obligé de rompre avec les libertés modernes, le clergé ne saurait plus les accepter qu'à titre d'hypothèse, à titre de fait, c'est-à-dire en somme comme un pis aller. Cela seul, pourquoi le dissimuler? n'est pas sans inconvénient, mais l'inconvénient est presque tout entier pour les catholiques, ainsi rendus suspects aux hommes qui regardent la liberté comme un droit. Cette distinction a pour effet de fomenter les défiances des libéraux de principes contre le clergé et contre l'Église. Le *Syllabus* est ainsi venu fournir un argument à ceux qui accusent les catholiques de réclamer la liberté, quand ils sont faibles, pour la refuser aux autres, quand ils sont forts. En d'autres termes, il autorise à les soupçonner de n'accepter l'« hypothèse », c'est-à-dire la liberté, que pour revenir à la « thèse », c'est-à-dire à la contrainte. Cette objection, Mgr Dupanloup la repoussait au nom de la loyauté et de l'honneur, protestant avec indignation contre le soupçon d'une telle duplicité et flétrissant les hommes capables d'en avoir la pensée.

Une pareille garantie pourrait être insuffisante, s'il n'en était une autre dans les mœurs, qui, une fois formées à la liberté, se font difficilement à un autre régime. Les pays qui en ont une fois goûté n'y renoncent pas volontiers. Cela est particulièrement vrai de la liberté de conscience et de la liberté des cultes, c'est-à-dire des libertés modernes par excellence, de celles qui semblent le plus répugner à la tradition catholique. Elles sont déjà si bien entrées dans nos habitudes, que ni *Syllabus* ni encyclique ne leur sauraient porter atteinte : si elles courent encore des risques, c'est plutôt d'un autre côté. Les libertés en péril chez nous, les libertés dont la conquête reste mal assurée, ce sont en somme les moins « modernes », ce sont les libertés politiques, et contre elles l'Église et le *Syllabus* même n'ont point d'objection de principes.

CHAPITRE XII

Les divisions intestines des catholiques ne les empêchèrent jamais de s'unir contre les ennemis spirituels et temporels de la papauté. De 1849 à 1870, à l'époque même où ils étaient en proie à une véritable guerre civile, les deux camps rivalisèrent de zèle et de dévouement pour la défense de la royauté pontificale, veillant avec une égale sollicitude sur les murs en ruine de la Rome papale, déjouant les surprises, repoussant les attaques sans se laisser endormir par les feintes ni lasser par les assauts de l'ennemi. Durant cette sorte de siége de plus de vingt ans, Montalembert, M. de Falloux et, en avant de tous, Mgr Dupanloup se distinguèrent par l'ardeur et la vigueur de leurs coups. Certes, si l'éloquence était un rempart pour les États, si un trône pouvait être sauvé par la vaillance de la plume et de la parole, les murailles de la ville sainte n'eussent pas été violées, la croix de Savoie n'eût pas au Capitole remplacé l'écusson aux clefs de saint Pierre.

Les préoccupations inspirées au Vatican et aux catholiques par les périls de la petite monarchie pontificale ont eu sur la conduite de la papauté, sur toute la direction de la politique du Saint-Siége, une influence dont on ne se rend pas assez compte. La question romaine est, durant le long pontificat de Pie IX, demeurée le principal souci du Vatican ; à bien des égards, on pourrait dire qu'elle a dominé non-seulement tout le règne de Pie IX, mais toute l'histoire de la papauté au dix-neuvième siècle. Pour comprendre les actes du Saint-Siége, de la restauration de Pie VII à l'escalade de la porte Pia par les troupes italiennes, il faut se représenter le Vatican entre les complots du dedans et les menaces d'invasion du dehors. Rien n'a plus contribué à fomenter les défiances de la papauté contre le libéralisme et les libertés modernes. Les appréhensions suscitées à Rome par les aspirations unitaires du libéralisme italien traversaient les Alpes pour s'étendre à tout ce qui se parait du nom de libéral.

Le *Syllabus* même ne fût peut-être pas venu agiter les consciences catholiques, si le trône pontifical n'eût été ébranlé par les commotions italiennes. En publiant son catalogue d'erreurs, ce que Pie IX avait en vue, ce n'étaient pas uniquement la France ou la Belgique et les discordes des catholiques au nord des Alpes ; c'était avant tout l'ennemi intérieur, l'ennemi de la maison, le « gouvernement subalpin » et l'unité italienne. La révolution, pour l'ancien exilé de Gaëte, se personnifiait dans Mazzini, dans Garibaldi, dans les hommes qui avaient renversé le trône séculaire du chef de l'Église. Le libéralisme lui apparaissait sous la figure des Cavour, des Ricasoli, des Minghetti, des hommes d'État italiens qui voulaient annexer le patrimoine de Saint-Pierre.

C'est contre eux, contre les revendications du gouvernement et des Chambres de Turin qu'étaient avant tout dirigées les censures du *Syllabus*. On le voit par le texte de plusieurs des encycliques ou allocutions d'où sont extraites les propositions condamnées. Quelques-unes de ces dernières, celle, par exemple, qui concerne le suffrage universel, n'ont en réalité pas d'autre explication : c'est une réponse aux plébiscites des annexions de Victor-Emmanuel. On le voit non moins par les dates; c'est en 1852, peu de temps après sa rentrée dans Rome, que Pie IX, dit-on, conçoit la première idée du *Syllabus*. C'est après la révolution de 1860 et le démembrement de ses États qu'il s'y arrête définitivement; c'est au lendemain de la convention de septembre 1864 qu'il en fait la publication. Contre les envahisseurs de l'héritage de l'Église, le Pape, déjà moralement abandonné des puissances, brandissait les seules armes à sa portée ; il leur barrait le chemin de Rome avec des anathèmes. Pour lui la civilisation et le progrès modernes, c'étaient la révolution unitaire et la spoliation de la chaire de Saint-Pierre. A ses yeux, le libéralisme se confondait avec les entreprises contre les droits du Saint-Siége. C'était l'ennemi déclaré de la souveraineté pontificale, et, pour mieux le repousser, Pie IX allait attaquer cet ennemi sur son propre terrain, jusque dans ses principes, dans son point de départ théorique. Selon une tactique partout fréquente, pour mieux se défendre, il prenait l'offensive, portant hardiment la guerre chez son redoutable adversaire.

La question romaine n'a, en tout cas, pas été étrangère aux répugnances du Saint-Siége pour les libéraux et les libertés dites modernes. Les anxiétés de la papauté pour les intérêts temporels de la chaire suprême ont, plus que toute chose, contribué à la pousser sur la pente des doctrines extrêmes, à rétrécir les horizons du Vatican, à fausser la justesse traditionnelle de son coup d'œil politique.

Le plus fâcheux peut-être, c'est que, contrairement à certaines espérances, la chute de la royauté pontificale est peu propre à ramener la curie romaine à une vue plus nette des intérêts de l'Église, à un sens plus exact des besoins de notre époque. A y bien regarder, en effet, la souveraineté territoriale des papes les mettait en contact avec des intérêts temporels, avec des intérêts mondains dont il leur était malaisé de ne pas tenir compte. De plus, le Saint-Siége offrait par là aux gouvernements une prise qui leur fait défaut aujourd'hui. Un pape, chef d'État, ayant sa place entre les monarques pasteurs des peuples, ne pouvait se diriger entièrement par des considérations théologiques. Cela, au point de vue pratique, avait souvent ses avantages. Privé de tout domaine temporel, ne tenant plus à la terre pour ainsi dire, le pontife romain est plus libre de toute préoccupation terrestre, plus étranger à tout intérêt temporel. Il est moins obligé de tenir compte de la politique, des circonstances, des tendances et des besoins de l'époque. Par suite, il est plus exposé à séjourner dans les hautes et vides régions de l'abstraction, à se complaire et à se confiner dans le rigoureux domaine de l'absolu théologique. Par suite encore, il lui faut plus de lumières pour demeurer prudent, plus de sagesse pour demeurer modéré et rester politique. Cela deviendrait bien plus manifeste, si la suppression de la royauté pontificale était partout, comme en Italie, accompagnée de la séparation de l'Église et de l'État, ou si les puissances cessaient d'avoir des ambassadeurs accrédités près du Vatican. En ce sens, il serait vrai de dire que la souveraineté temporelle des papes les rendait plus politiques, en les rendant plus dépendants des choses, sinon des hommes. Et ce n'est point là un paradoxe, pour les époques du moins où la royauté pontificale, acceptée de tous, faisait partie du droit public de l'Europe. A ce titre, l'homme le moins soucieux des droits du Saint-Siége peut regretter la fin de la débile monarchie romaine, non point comme la plupart des catholiques, parce que la perte de leurs États compromet la liberté des Souverains Pontifes, mais parce que, en les isolant des princes et des gouvernements, elle les affranchit des considérations temporelles et les dégage des intérêts politiques.

La question romaine est de celles que nous avons trop souvent traitées pour y revenir longuement aujourd'hui [1]. A nos yeux, on le sait, la monarchie pontificale était vouée à une chute fatale ; la révolution italienne et l'unité de la Péninsule n'en ont été que la cause seconde, non la cause première. Le respect et les regrets que les catholiques ne sauraient refuser à la royauté temporelle de leur chef, les arguments que la religion et la politique apportaient en faveur de son maintien, ne pouvaient longtemps la faire survivre à la sécularisation, partout ailleurs accomplie, des États modernes. Deux choses presque également malaisées en eussent seules pu prolonger l'existence, la sécularisation spontanée de l'administration, et, en 1859 comme en 1848, une politique résolûment nationale. Or, si un tel rôle n'était pas au-dessus du cœur de Pie IX, il était au-dessus de ses forces et peut-être des forces humaines. Pour y réussir, il eût fallu une sorte de Jules II, et le temps des Jules II était

[1] Voyez particulièrement : *Un empereur, un roi, un pape* (Napoléon III, Victor-Emmanuel, Pie IX), Paris, Charpentier, 1878, et, dans la *Revue des Deux Mondes* du 1er janvier 1884 : *le Vatican et le Quirinal depuis 1878.*

irrévocablement passé. Quelques-uns parmi les catholiques, Lacordaire notamment, eussent voulu réveiller chez le Pape-Roi de 1860 le Pie IX d'avant 1848; mais ce dernier était mort de ses déceptions, et la monarchie pontificale était bien vieille pour se laisser transformer en quelques années.

Ses plus illustres défenseurs en avaient le sentiment. Bien qu'ils ne fussent pas de ceux qui voyaient dans la petite monarchie théocratique une sorte de cité modèle et de type idéal de gouvernement, croyant cette monarchie nécessaire à l'indépendance de la papauté, ils ne pouvaient l'abandonner pour des défauts que leur piété leur rendait moins choquants, ni la sacrifier parce que, ainsi que le disait nettement Lacordaire, le gouvernement du Saint-Siége était un gouvernement d'ancien régime. Tous, du reste, avaient pour la chaire apostolique cet amour exalté qui est comme l'âme du catholicisme contemporain [1]. Ceux qu'on prétendait flétrir du nom de libéraux, ceux qu'on traitait de catholiques selon Cavour étaient les premiers à adorer « le Christ de nou-

---

[1] Ce sentiment, partout si vivant chez Montalembert et Dupanloup, Lacordaire, qui l'a peut-être moins souvent exprimé, s'en est lui-même plusieurs fois inspiré avec éloquence. Voyez par exemple ses *Lettres sur le Saint-Siége* (1837), réplique aux *Affaires de Rome* de La Mennais.

veau crucifié dans son vicaire ». S'ils ne pouvaient se dissimuler les erreurs de la politique vaticane, ils les voilaient avec la piété des enfants de Noé. C'étaient vraiment, comme le proclamait Montalembert, des fils combattant pour leur mère, et des fils non moins respectueux que tendres.

Puis, en tant que catholiques, comment n'auraient-ils pas eu les yeux ouverts sur les difficultés et les périls que devait entraîner pour la papauté la chute de sa royauté séculaire? Comment s'étonner qu'ils se soient enrôlés dans cette sorte de croisade de la plume qui remuait tout le monde catholique? qu'ils aient combattu au premier rang pour une cause qui, parmi ses défenseurs, comptait à côté d'eux les Thiers, les Guizot, les Villemain? alors surtout que l'intérêt national leur semblait d'accord avec l'intérêt religieux; que, dans la jeune unité italienne, ils apercevaient avec Mgr Dupanloup, dès 1861, « la mère prochaine et très-menaçante de l'unité allemande » ?

Ce que l'histoire leur pourrait reprocher, au point de vue même des intérêts catholiques, c'est de s'être mépris sur la puissance du sentiment national et sur l'énergie du mouvement unitaire au sud des Alpes; c'est d'avoir, par l'inflexibilité de leurs résistances aux revendications italiennes, par leur zèle filial à tout couvrir et à tout défendre, contribué à maintenir le *Non possumus*, lequel, en fermant la voie à tout compromis, devait aboutir à l'entière dépossession du Pape. Certes, il peut sembler aujourd'hui que d'autres conseils eussent été plus politiques, mais Rome ne les eût pas tolérés ; elle ne s'en fût pas moins tenue au *Sint ut sunt;* puis, avant comme après 1870, il eût fallu être aveugle pour ne pas apercevoir combien de difficultés morales et matérielles se dressaient devant toute transaction.

Chose contraire à ce qu'on eût pu prévoir, si les pratiques du gouvernement pontifical à Rome offraient un argument aux contempteurs de toutes les libertés, l'attitude des catholiques français dans la question romaine, leur invincible obstination à défendre le trône papal, loin de les éloigner davantage du libéralisme, entretint ou éveilla chez beaucoup d'entre eux le goût de la liberté et des institutions parlementaires. La brusque déclaration de guerre de 1859, l'ambiguïté de la politique impériale dans toutes ces épineuses affaires, ranimaient les défiances contre le pouvoir personnel et contre le maître irrésolu que Montalembert signalait comme le Pilate de la papauté. C'est ainsi qu'en 1863, dans une sorte de consultation sur la conduite à tenir durant les élections, sept des principaux évêques de France, Mgr Dupanloup à leur tête, déclarèrent que, dans nos sociétés agitées, la liberté religieuse n'a pas de meilleur appui que les libertés politiques [1]. Les appréhensions pour la royauté du Pape rendirent l'indépendance à plus d'un candidat officiel. Dans le Corps législatif, qui menaçait de rester la Chambre du silence, elles rouvrirent les bouches et délièrent les langues de la majorité. En 1863 et 1869, comme en 1848, les catholiques libéraux se trouvèrent rapprochés de M. Thiers et des parlementaires, cette fois, non pour la défense de l'ordre, mais pour la revendication des libertés perdues. Les survivants de ces « cléricaux » peuvent ainsi se vanter d'avoir, pour leur part, contribué au réveil du libéralisme, d'avoir entretenu chez nous un idéal politique, alors que la société française, tout entière aux préoccupations matérielles, semblait absorbée dans la recherche du luxe et du lucre.

[1] Déclaration du 15 mai 1863. Les panégyristes les plus décidés du pouvoir absolu, tels que L. Veuillot, apprirent à leurs dépens que la liberté de la presse pouvait avoir du bon. L'*Univers* était supprimé, et, s'il reparaissait presque immédiatement sous un autre nom, les frères Veuillot étaient exclus de la rédaction.

CHAPITRE XIII

Convocation du concile. — Les catholiques libéraux y applau-
dissent en espérant une œuvre d'apaisement. — Les bulles
d'indiction ne parlaient pas de l'infaillibilité pontificale. —
Comment la question fut soulevée. — Raisons qui faisaient
désirer la définition par les uns et la faisaient redouter des
autres. — Les adversaires de la définition, loin d'être tous
gallicans, étaient pour la plupart d'anciens ultramontains.—
En quoi l'ultramontanisme avait changé d'esprit depuis 1830
et 1840. — Ce qui inquiétait plusieurs de ses premiers fauteurs.

Les partis religieux ne sont ni plus clairvoyants ni plus reconnaissants que les partis politiques. Les services rendus à la royauté pontificale par Mgr Dupanloup et ses amis ne devaient
pas leur faire pardonner leur attitude au concile
du Vatican. Leur opposition à la proclamation de
l'infaillibilité papale est, pour beaucoup de fidèles,
demeurée à leur front une tache indélébile. Les
laïques, qui avaient fait de l'infaillibilité du Souverain Pontife leur cause personnelle, devaient
faire un crime aux évêques d'avoir osé se pro-

noncer quand on les interrogeait, de n'avoir pas craint, sous les voûtes de Saint-Pierre, de porter à l'ambon une parole libre, comme si les conciles n'étaient réunis que pour se taire ou saluer de leur docile *placet* toutes les propositions émanées des congrégations romaines.

Les partisans de la définition eussent voulu qu'elle fût prononcée sans discussion, par acclamation ; ils n'ont jamais pardonné à ceux qui ont fait échouer ce plan. Dès 1867, lors de la réunion des évêques pour le dix-huitième centenaire de saint Pierre, certains prélats se demandaient si le véritable but de cette convocation n'était pas la promulgation de l'infaillibilité pontificale. Plusieurs appréhendaient que les exaltés ne voulussent profiter de la présence à Rome de tant d'évêques pour faire proclamer à l'improviste la nouvelle définition dogmatique [1]. La plupart s'en montraient éloignés ; ils désiraient que, si la définition devait avoir lieu, ce fût avec des formes solennelles, en concile.

La réunion d'un concile était depuis longtemps l'un des vœux du Pape, qui en toutes choses aimait à faire grand. Il s'en était ouvert, dès 1864, à une séance d'une congrégation romaine, et

---

[1] Voyez les lettres de l'évêque de Grenoble et de l'évêque de Mayence : l'abbé LAGRANGE, t. III, p. 48-49.

plus tard, en 1865, dans une lettre confidentielle adressée à trente-six évêques, dont celui d'Orléans ; mais, s'il avait en vue l'infaillibilité, Pie IX le taisait. On a généralement oublié, parmi les catholiques comme parmi les hétérodoxes, que la nouvelle définition dogmatique, qui semble avoir été l'unique résultat et le principal but du dernier concile, ne figurait même point dans ce qu'on en pourrait appeler le programme officiel. A s'en rapporter aux bulles d'indiction, il n'y devait être question que de la discipline du clergé régulier et séculier, de l'amendement des mœurs, de l'éducation de la jeunesse, de la paix universelle, et, d'une manière générale, des moyens de remédier aux maux de l'Église et de la société.

Aussi, loin de s'effrayer de la réunion d'un concile œcuménique, les catholiques libéraux étaient-ils plutôt disposés à s'en féliciter, non-seulement comme d'une preuve de vitalité religieuse, mais parce qu'à leurs yeux un concile était « la substitution de l'Église à un parti [1] ».

---

[1] « Il est temps, disait l'évêque d'Orléans dans sa seconde lettre sur le concile, qu'entre l'Église et les peuples chrétiens tous les malentendus cessent. L'obscurité, l'incertitude, la confusion pèsent trop douloureusement sur les âmes sincères et autorisent trop les calomnies et les hostilités contre

C'est pourquoi ils en espéraient une œuvre de pacification. Mgr Dupanloup fut, après un instant d'hésitation, des premiers et des plus ardents à y applaudir. Il avait, en 1867, été de ceux qui décidèrent la majorité des cinq cents évêques réunis à Rome à demander, dans leur adresse au Pape, la convocation du concile. Il la désirait si vivement, qu'un peu plus tard il pressait Pie IX de publier les bulles d'indiction, et lui adressait en 1868 une note sur les périls de trop longs délais.

Si l'infaillibilité a été introduite au concile, si du moins elle a été mise en discussion avant même que les évêques fussent rassemblés, c'est que la question fut soulevée par la presse religieuse, laquelle n'admettait point qu'elle ne fût pas posée et résolue. Lors donc que, laïques ou ecclésiastiques, des catholiques s'opposaient à la définition, demandant qu'elle ne fût pas portée au concile, loin d'aller contre les désirs avoués du Saint-Siége, ils se renfermaient strictement dans les bulles pontificales et ne combattaient

l'Église. C'est pour cela que le Pape a voulu un concile. » Mgr Darboy, archevêque de Paris; Mgr Ginouilhac, évêque de Grenoble, exprimaient des sentiments analogues. — Le *Correspondant* (10 octobre 1869) s'attachait également à écarter les appréhensions.

que des journaux dont l'opinion ne pouvait avoir
force de loi dans l'Église [1].

La controverse soulevée à ce propos par le
journalisme agitait déjà tout le monde catholique,
que les adversaires de la définition pouvaient
encore se flatter de ne pas se mettre en travers
des vœux du Vatican. Les lettres d'un des prélats
les plus éclairés de Rome, alors archevêque de
Thessalonique, depuis secrétaire d'État de
Léon XIII, après avoir partagé avec lui les voix
du conclave de 1878, Mgr Franchi, permettaient
de croire que la prudence l'emporterait autour
du Saint-Père [2]. De presque tous les points de
l'Europe, d'Allemagne et d'Autriche-Hongrie
en particulier, l'épiscopat agissait dans le sens
de la modération. Les évêques allemands, réunis

[1] Le concile était déjà rassemblé que Mgr Dupanloup pouvait encore dire du Pape : « Il n'a pas posé la question ; elle
n'est pas le but du concile ; elle n'est pas dans le programme. »
Réponse à Mgr Deschamps. L'un des chefs des infaillibilistes,
le cardinal Manning, a non moins insisté sur ce point. Voyez
par exemple le *Nineteenth Century*, avril et mai 1877.

[2] « Je puis, écrivait à Mgr Dupanloup Mgr Franchi, le 15 octobre 1869, vous confier une chose très-importante. Tout le
monde commence à se convaincre des dangers que nous ont
faits (*sic*) ceux qui se disent nos amis. Dans ma dernière au-
dience, j'ai trouvé le Saint-Père parfait dans toutes les appré-
ciations et dans toutes les questions, et j'ai une immense confiance que le concile sera l'œuvre de pacification que nous
voulons pour ramener la société, non pour l'éloigner davantage. » (L'abbé Lagrange, t. III, p. 138.)

à Fulda, avaient adressé au Vatican un mémoire où ils déclaraient unanimement que dans l'état actuel des esprits, ils considéreraient comme un malheur qu'une question aussi délicate fût introduite au concile. Ils y laissaient entendre en même temps qu'il importait à l'Église de ne donner aucun aliment aux défiances des peuples et des gouvernements. Ce mémoire avait fait impression à Rome. Pour triompher des hésitations du Vatican et des répugnances des évêques les plus en vue par la situation et le talent, les infaillibilistes de la presse recoururent à un procédé inouï en pareille matière, mais conforme à l'esprit de la démocratie sacerdotale, sur laquelle ils semblaient vouloir édifier une sorte de césarisme théocratique. Ils imaginèrent un immense pétitionnement, « une sorte de plébiscite en matière de dogme » dans les colonnes de l'*Univers*. L'Église enseignée, disait Mgr Dupanloup, prétendait dicter d'avance ses décisions à l'Église enseignante. Le bas clergé et la laïcité s'immisçaient indirectement au concile, et leur voix, multipliée par les échos de la presse, menaçait d'y couvrir la voix des évêques. Il semblait que la place autrefois laissée dans ces assises de l'Église aux princes catholiques eût été usurpée par le journalisme, et que, à l'instar des empereurs ou des rois du passé, ce nouveau souverain se crût le droit d'y faire prévaloir ses volontés.

Un des traits les plus singuliers de ces querelles ecclésiastiques, c'est qu'en réalité les deux camps adverses étaient d'accord sur le fond de la question. Leur dissentiment ne portait que sur la conduite à tenir au concile. Tandis que les uns proclamaient la nécessité de reconnaître officiellement l'infaillibilité pontificale, les autres en contestaient l'opportunité [1]. Ceux qu'on appelait les libéraux, en France du moins, étaient pour la plupart aussi romains, aussi ultramontains, au sens propre du mot, que leurs adversaires [2]. Ils avaient en toute occasion non moins amoureusement proclamé l'autorité du Saint-Siége. Cela, sauf de rares exceptions, était vrai de ceux qu'on nommait les derniers gallicans, des élèves de Saint-Sulpice, tels que Mgr Dupanloup, lequel avait passé sa thèse de docteur en théologie à Rome et précisément sur la question de l'in-

[1] Aussi désignait-on ces derniers à Rome sous le nom d'*anti-opportunistes* et d'*inopportunistes*. Il est à remarquer que le terme d'opportuniste, appelé depuis à faire fortune dans notre langue politique, a été ainsi emprunté aux dénominations des partis théologiques durant le concile.

[2] Mgr Maret, évêque *in partibus* de Sura et doyen de la Sorbonne, était presque le seul défenseur des traditions gallicanes. Aucun évêque, pas même Mgr. Darboy, ne s'était rallié aux conclusions de son livre à ce sujet.

faillibilité. Cela l'était plus manifestement encore des anciens amis de La Mennais, tels que Montalembert et Lacordaire. Une des choses qu'ils avaient le plus reprochées à la légitimité, c'était son alliance avec le gallicanisme [1]. Dans les fameuses libertés de l'église gallicane, ils n'avaient jamais vu que des servitudes vis-à-vis du pouvoir civil. Le gallicanisme, avec son faux air de césaro-papisme, avait révolté leur jeunesse par son zèle pour le pouvoir absolu des rois. Ils ne lui avaient pas pardonné l'esprit de servilité vis-à-vis du trône, dont, à tort peut-être, ils accusaient l'ancien clergé. Les doctrines romaines, les maximes politiques de saint Thomas, de Bellarmin, de Suarez, de Mariana même leur avaient, non sans raison, paru singulièrement plus libérales, plus démocratiques, plus modernes, en un mot, que celles de Bossuet et de nos vieux gallicans, fauteurs du droit divin des rois [2].

[1] Voyez, par exemple, LACORDAIRE, *Lettres à madame Swetchine*, juillet 1839.

[2] Il est vrai qu'à sonder les intentions, les docteurs ultramontains, et spécialement les Jésuites espagnols, tels que Suarez et Mariana, l'apologiste du tyrannicide, semblent avoir été moins soucieux de relever les droits du peuple que d'abaisser le pouvoir des rois, afin de rehausser d'autant la puissance ecclésiastique. (Voyez, par exemple, M. Ad. FRANCK, *Réformateurs et publicistes de l'Europe au dix-huitième siècle*, p. 42 et 80.)

Ils s'étaient imaginé qu'en cherchant son point d'appui à Rome, l'Église de France se montrerait à la fois plus indépendante vis-à-vis du pouvoir et plus amie des libertés publiques. Ils s'en étaient fiés à la vieille distinction de l'ordre spirituel et de l'ordre temporel, distinction scrupuleusement maintenue par les anciens théologiens romains, anxieux de prouver que l'exaltation du pouvoir central dans l'Église n'entraînait pas la diminution des libertés publiques dans la société laïque. C'était compter sans les passions et la secrète logique de l'ultramontanisme, qui, oublieux de ses anciens docteurs, devait perdre de vue leurs théories sur l'origine du pouvoir civil et les droits de la communauté, pour appliquer à la société civile et à l'État les mêmes procédés et les mêmes maximes qu'à la société religieuse. On l'a remarqué avant nous, le journalisme catholique, « rattachant à l'ultramontanisme une conduite politique que jusquelà il n'avait pas paru impliquer, l'avait associé à la complaisance envers les pouvoirs héréditaires et absolus [1] ». C'était justement le contraire de ce qu'avait rêvé, vers 1830, l'école ultramontaine de l'*Avenir*, pour laquelle la plus haute

---

[1] Émile OLLIVIER, *l'Église et l'État au concile du Vatican*, t. I, p. 303.

personnification de la papauté, c'étaient les grands pontifes du moyen âge, luttant avec les communes libres contre l'absolutisme des empereurs[1]. Si l'ancien gallicanisme avait dégoûté les âmes fières par sa platitude vis-à-vis des princes, le nouvel ultramontanisme leur avait offert, sous le second empire, un spectacle non moins répugnant. Ne l'avait-on pas vu, comme s'en indignait encore Lacordaire à ses derniers jours, déshonorer l'Église en saluant César d'une acclamation qui aurait excité le mépris de Tibère[2] ?

Au point de vue religieux même, dans la sphère où l'obéissance leur paraissait une vertu, et l'humilité une noblesse, les premiers promoteurs de l'ultramontanisme en France avaient, ainsi qu'il arrive souvent, été bientôt distancés dans la voie qu'ils avaient ouverte. Après avoir, sous Louis-Philippe, devancé la plus grande

[1] « Le gallicanisme, écrivait La Mennais lui-même après sa rébellion, nous choquait à raison de l'esprit de servilité qui lui est inhérent. Frappés de l'esprit opposé qui resplendit dans la grande ère où les papes défendirent si énergiquement, contre la force brutale des empereurs, les droits sacrés de l'intelligence, les droits des peuples et de l'humanité, nous crûmes que ce glorieux passé pouvait renaître. » LA MENNAIS, *OEuvres complètes,* édit. de 1836-37, préface du tome X.

[2] Lettre du 13 avril 1861 : *le Père Lacordaire,* par MONTALEMBERT, p. 257.

partie du clergé dans l'exaltation de la chaire romaine, ils s'étaient trouvés dépassés par les adorations et les adulations excessives des ultras de l'ultramontanisme. Montalembert, dont c'était la propre histoire; qui, moins de dix ans plus tôt, appelait le gallicanisme la plus redoutable et la plus invétérée de nos erreurs; qui se félicitait de voir les articles de 1682 abandonnés de tout le clergé, et les idées du *Pape* de J. de Maistre devenues des lieux communs pour la jeunesse catholique [1]; Montalembert notait avec tristesse, dès 1861 ou 1862, cette rapide évolution. « Le prêtre, disait-il de son ami Lacordaire, qui inquiétait le clergé gallican de 1830 par ses sympathies ultramontaines, a assez vécu pour avoir pu protester contre les extravagances de nos contemporains d'aujourd'hui [2]. »

[1] *Des intérêts catholiques au dix-neuvième siècle*, ch. II et VI.

[2] *Le Père Lacordaire*, par MONTALEMBERT, t. II. Il est, du reste, à noter qu'à l'époque même où il se félicitait du discrédit des gallicans, l'ultramontanisme de Montalembert n'allait pas jusqu'à ériger la papauté en une sorte d'autocratie religieuse. « Selon les doctrines ultramontaines, écrivait-il, les seules vraies, suivant moi, le Pape est le monarque de l'Église; mais ce n'est pas un monarque absolu. » (*Des intérêts catholiques au dix-neuvième siècle*, idem.) Avec de pareilles vues, on comprend qu'irrité par les exagérations de ses anciens amis, Montalembert, malade et aigri, soit allé un jour jusqu'à traiter ce nouvel ultramontanisme d'idolâtrie. Il ne faisait, du

On a dit que les catholiques libéraux s'étaient vengés du *Syllabus* sur l'infaillibilité, qu'anciens champions des doctrines ultramontaines, ils avaient déserté au gallicanisme par représailles [1]. De pareilles imputations sont démenties par leur langage avant l'apparition du *Syllabus*. Il n'est, du reste, aucun besoin d'y recourir pour expliquer leur attitude à l'époque du concile. Des hommes, dont la répulsion pour le gallicanisme avait été parfois poussée jusqu'à l'injustice envers l'ancien clergé, s'étaient, grâce au mouvement des esprits autour d'eux, retrouvés un jour gallicans par comparaison. C'est là une aventure fréquente dans l'histoire des partis, religieux ou politiques; ils tendent presque toujours à renchérir sur leurs propres doctrines, et tôt ou tard traitent les esprits modérés en suspects ou en renégats. Plus d'un des catholiques qui avaient naguère amoureusement couvé les tendances ultramontaines en était de cette façon revenu à ce que Lacordaire appelle quelque part [2] le gal-

reste, que répéter une expression de Mgr Sibour, lequel lui avait écrit dès le 10 septembre 1853 : « La nouvelle école ultramontaine nous mène à une double idolâtrie : idolâtrie du pouvoir temporel et idolâtrie du pouvoir spirituel. »

[1] Ainsi s'exprime un ouvrage fort répandu dans le clergé, *le Manrèze du prêtre*, par le Père Caussette, t. I, 2e édition.

[2] Lettre à Montalembert, citée, si je ne me trompe, dans le livre de ce dernier : *le Père Lacordaire*.

licanisme instinctif, gallicanisme éternel qui fait redouter tout pouvoir sans limites et qui, par là même, est l'opposé du nouvel ultramontanisme, lequel prétend courber la société civile, aussi bien que la société religieuse, sous le joug d'un despotisme omnipotent.

Dans la controverse qui précéda et accompagna le concile, les partisans de la définition de l'infaillibilité ne se firent pas faute d'évoquer contre leurs adversaires ce spectre du gallicanisme afin de susciter contre eux les ombrages de Rome. C'était de leur part, du reste, une vieille tactique qu'ils avaient, comme bien d'autres choses, empruntée à La Mennais et à l'*Avenir*. En fait, le gallicanisme était mort, la plupart des évêques qu'on flétrissait de cette marque n'avaient jamais été gallicans. Presque tous croyaient, non moins que les infaillibilistes les plus bruyants, à l'infaillibilité du Pape. Ils l'avaient assez prouvé lors de la proclamation de l'Immaculée Conception par Pie IX, et depuis, dans les adresses rédigées ou signées par eux, lors des réunions de l'épiscopat pour la canonisation des martyrs japonais ou le centenaire de saint Pierre. S'ils s'effrayaient de la promulgation officielle d'un dogme auquel ils adhéraient personnellement, c'était pour l'effet que pouvait produire au dehors un pareil dogme et pour l'usage que certains catholiques en prétendaient faire. Ils sentaient que cette définition était indirectement dirigée contre eux, et contre leurs idées les plus chères ; qu'aux yeux de ses plus ardents promoteurs, c'était moins un moyen de pacification dans l'Église qu'une arme de guerre contre la société moderne. On se flattait, parmi les ultras, que l'éclat ainsi rehaussé de la tiare se réfléchirait tout autour d'elle, au delà même de la sphère dogmatique. Selon le mot d'un ecclésiastique français, on voulait déclarer le Pape infaillible dans les matières de foi, pour le faire croire infaillible dans les autres [1].

Ce qui faisait redouter des uns la nouvelle définition, c'était précisément ce qui la faisait souhaiter de leurs adversaires. Tandis que, avec un des prélats les plus éclairés de l'Europe [2], les uns croyaient que, de notre temps, à notre

[1] « L'infaillibilité doctrinale officielle, *ex cathedra*, pour la foi et les mœurs, ne leur suffit pas, a écrit d'eux M. Émile Ollivier ; il leur faut une infaillibilité absolue, inconditionnelle, illimitée, universelle ; une infaillibilité inspirée, individuelle, scientifique, politique, gouvernementale. » (*L'Église et l'État au concile du Vatican*, t. I, p. 449.)

[2] Mgr de Ketteler, évêque de Mayence, lettre à Mgr Dupanloup, en 1869 : l'abbé LAGRANGE, t. III, p. 49.

époque sceptique, l'Église ne pouvait rien gagner à accroître le nombre de ses dogmes; qu'en face des assauts de l'impiété et devant la sape du rationalisme contemporain, elle avait tout intérêt à ne pas étendre les lignes qu'elle avait à défendre, les autres, raillant comme indignes de l'Église ces préoccupations d'humaine prudence, se complaisaient à humilier l'orgueilleuse raison du siècle sous le joug d'un dogme de plus, et en apparence du plus provoquant de tous les dogmes. Au scepticisme et à l'incrédulité modernes, se plaignant d'être enfermés par le catholicisme dans un champ trop étroit, ils se faisaient gloire de répondre en resserrant le cercle des croyances obligatoires et rétrécissant le domaine abandonné à la libre raison.

De même au point de vue politique. Pendant que les uns s'effrayaient de voir accentuer le contraste entre l'organisation intérieure de la société religieuse et celle de la société civile, inquiets de voir la première concentrer tous les pouvoirs en une seule main, faire découler toute autorité d'une seule source, d'une seule bouche, alors que de toutes parts la société civile tend de plus en plus à faire dériver le pouvoir de la libre volonté des gouvernés, les autres se félicitaient de cette opposition, de cette marche en sens inverse, espérant qu'entre deux sociétés animées d'un esprit aussi différent et cheminant à l'encontre l'une de l'autre, l'antagonisme serait inévitable, le conflit certain, le choc prochain [1]. Ce conflit que les premiers appréhendaient, les derniers, joyeux de l'affronter, l'appelaient de leurs vœux, se flattant d'en voir sortir le réveil des catholiques et le triomphe de l'Église. Alors que l'*Univers*, persuadé que l'Église avait toute la société à reconstruire, entrevoyait dans l'avenir, après un nouveau déluge envoyé par la miséricorde de Dieu, une confédération des peuples présidée par le Pape, « un peuple saint comme il y avait eu un saint empire [2] », Mgr Dupanloup et ses amis craignaient que l'infaillibilité, et avec elle le *schema : De Ecclesia*, ne fissent que provoquer les gouverne-

[1] Les ultras se flattaient de voir le concile sanctionner et renforcer le *Syllabus*. Un article de la *Civiltà cattolica* du 6 février 1869, immédiatement reproduit par l'*Univers*, constatait le désir des catholiques français, que les doctrines du *Syllabus* fussent promulguées de nouveau avec les développements nécessaires pour supprimer tout malentendu. Mgr Pie, évêque de Poitiers, disait à son clergé : « La grande œuvre du concile sera d'opposer une barrière doctrinale à l'erreur dominante, au mal dominant du siècle, la sécularisation de tout l'ordre social, le naturalisme politique. » Abbé MAYNARD, *Mgr Dupanloup et son historien*, p. 180.

[2] *Univers* du 11 juillet 1868, article de Louis Veuillot.

ments à rompre avec le Saint-Siége, éloigner les peuples de l'Église, fournir une objection de plus aux rationalistes, dresser entre Rome et les Églises séparées une nouvelle et plus haute barrière.

Il semblait qu'il y eût alors pour le Saint-Siége des raisons de prudence particulières. Le Vatican avait d'autant plus de ménagement à garder qu'il ne régnait à Rome qu'à l'abri du drapeau tricolore, et qu'en blessant les gouvernements et l'opinion publique, il s'exposait à faire retirer nos troupes ou à en rendre le maintien plus malaisé [1]. C'était là, pour les partisans de la modération, un argument qu'ils ne pouvaient se dispenser de faire valoir. On les accusa de vouloir exercer une pression du dehors ; on alla jusqu'à les soupçonner de trahir la cause de l'indépendance pontificale, dont ils avaient été les plus vaillants soldats. Tel est, du reste, l'aveuglement de l'esprit de parti, telle était l'espèce d'illuminisme, prédominant dans certains cercles, qu'à Rome les *zelanti* regardaient la définition de l'infaillibilité comme une sauvegarde

---

[1] « Ils conseillent de définir l'infaillibilité, écrivait à Mgr Dupanloup, le 9 juillet 1869, le cardinal-archevêque de Chambéry. On blessera l'Empereur, et il retirera ses troupes de Rome. »

du pouvoir temporel, se figurant qu'une fois proclamé infaillible, le Pape imposerait davantage à la révolution et trouverait, dans les nations ou les princes catholiques, de plus ardents défenseurs.

CHAPITRE XIV

En se mettant en travers du torrent impé-
tueux qui emportait l'Église, les adversaires de
la définition sacrifiaient leur popularité dans le
clergé et parmi les masses catholiques [1], car, en
religion non moins qu'en politique, la faveur
des partis va presque toujours aux opinions les
plus tranchées et aux thèses les plus outrées.
Les conseils de la prudence sont taxés de lâ-
cheté ou de faiblesse ; les hommes qui osent les
donner s'offrent à la suspicion et aux calomnies

---

[1] « J'ai brisé cette popularité telle quelle et l'ai sacrifiée à
ce que je crois plus que jamais un grand devoir », disait Mgr Dupanloup dans sa *Réponse* à Mgr Deschamps.

de ceux mêmes dont ils servent la cause. Les prélats opposés à la définition n'échappèrent pas à cette loi commune. On leur fit voir que les haines religieuses et les rancunes théologiques ne sont ni les moins violentes, ni les moins soupçonneuses, ni les moins tenaces [1]. Mais, pour la plupart d'entre eux, le chagrin le plus cuisant, ce fut de contrister le cœur d'un pontife qu'ils aimaient et vénéraient par-dessus tout, de paraître faire acte d'opposition à un père persécuté dont leur piété filiale eût voulu adoucir les amertumes. Toute leur conduite au concile devait se ressentir de ce qu'avait de douloureux et de pénible un pareil rôle [2]. Contraints de combattre un pouvoir qu'ils étaient les premiers à révérer, embarrassés dans leurs scrupules, paralysés par leur amoureuse dévotion au Saint-Siége, ils luttaient pour ainsi dire à genoux, se prosternant après chaque essai de résistance.

[1] A Rome, certains infaillibilistes étaient allés jusqu'à surnommer *voie Scélérate* le chemin qui conduisait de la villa Grazioli, où habitait Mgr Dupanloup, au Vatican. — Voyez l'abbé MAYNARD, p. 269.

[2] Mgr Dupanloup s'en ouvrait à Pie IX lui-même dans une lettre confidentielle se terminant par ces mots : « Opposé en apparence, mais en réalité plus que jamais dévoué à celui des successeurs de saint Pierre qui aura été pour moi le plus vénéré et le plus aimé des pontifes. » (LAGRANGE, t. III, p. 179-81.)

Une semblable opposition était d'avance condamnée à la timidité, aux reculs, aux hésitations, aux petites mesures, aux voies détournées et conséquemment à la défaite. Quelque parti qu'elle prît, qu'elle luttât de pied ferme, offrant le combat aux adversaires, ou qu'elle évitât la bataille, se contentant de légères escarmouches, cherchant à gagner du temps et à retarder l'engagement final, elle était non-seulement certaine d'être battue, mais assurée de voir ses procédés et ses motifs aussi durement appréciés de ses adversaires. Et, de fait, parmi les infaillibilistes comme parmi les incrédules, on lui a presque également reproché ses résistances et ses timidités, son indépendance et sa résignation.

Aucune tactique n'eût pu arrêter le triomphe des infaillibilistes. Une fois posée au concile, la question était sûre d'être tranchée dans le sens de l'affirmative, et elle avait été trop agitée dans le public pour n'être pas posée au concile. Après des siècles de lente élaboration et de patiente propagande, l'heure de la proclamation définitive de l'infaillibilité papale avait enfin sonné dans l'Église. L'erreur des opposants fut d'avoir espéré l'empêcher, de s'être un instant fait illusion. A Trente déjà, trois siècles plus tôt,

l'infaillibilité personnelle du Pape aurait été érigée en dogme, à la face du protestantisme, sans
l'opposition des gouvernements. Depuis le dernier grand concile, depuis la révolution surtout,
qui, en France et ailleurs, avait relâché les liens
du pouvoir temporel et de l'aristocratie épiscopale, le prestige du siége apostolique et l'ascendant des doctrines romaines n'avaient fait que
croître. Dans les pays, comme la France, qui
avaient le plus longtemps répugné aux prétentions pontificales, la majorité du clergé et des
catholiques militants avait fini par y être peu à
peu conquise. La révolution, qui semblait devoir ébranler jusqu'en leurs fondements les
bases de l'Église, — la révolution, qui allait
bientôt et si aisément renverser le trône temporel de la papauté, — avait, par une de ces réac-
tions de tout temps communes, par un de ces
contre-courants si fréquents dans l'histoire,
tourné à l'exaltation de la chaire de Saint-Pierre
et provoqué par contre-coup un nouvel ultramontanisme, plus agressif et plus intempérant,
autrement impatient et téméraire que celui des
Bellarmin et des Liguori. La reconnaissance
de l'infaillibilité pontificale était, du reste, le
couronnement naturel de tout l'édifice catholique, le dernier mot d'une centralisation

religieuse que tous les bouleversements contemporains et toutes les découvertes modernes n'ont fait que rendre plus étroite et plus facile. C'était le terme logique auquel aboutissait toute l'histoire de l'Église et de la papauté depuis les siècles où, sous les pieds de la Rome impériale, dédaigneusement ignorante des obscurs pontifes qui devaient succéder aux Césars, la main anonyme d'un peintre des catacombes, faisant de Pierre le nouveau Moïse, le chef du peuple de Dieu, donnait au frère d'Aaron les traits traditionnels du pêcheur de Galilée et, à côté de la symbolique figure de Moïse qui frappe le rocher d'Horeb, écrivait *Petrus,* comme pour bien indiquer que toute grâce vient par Pierre et ses successeurs.

Dans un concile réuni, en 1869, à Rome, à l'ombre du palais pontifical, sous les voûtes de la basilique élevée à la gloire du prince des apôtres ; dans un concile en majorité composé de prélats italiens, grossi de nombreux vicaires apostoliques et d'évêques *in partibus* dépendant directement du Vatican et de la Propagande ; avec le mode de recrutement actuel de l'épiscopat, pour la plus grande partie nommé en dehors de l'État, uniquement par le Saint-Siége, les doctrines romaines, repoussées ou tenues en échec par des conciles tout autrement constitués ou rassemblés sous des influences différentes, étaient manifestement assurées de triompher. A Rome, selon l'expression de l'archevêque de Malines, Mgr Deschamps, la définition de l'infaillibilité était dans l'air. Ses adversaires avaient beau avoir pour eux le prestige des grands siéges épiscopaux, la science des hommes et des choses, l'appui moral des gouvernements, la vive éloquence latine des Haynald et des Strossmayer, et l'autorité de ces grands évêques dont un historien du concile nous a donné de si vivants portraits, leur cause, dès qu'elle était portée à Saint-Pierre, était perdue d'avance.

Une seule chose eût pu prévenir leur défaite : l'intervention des puissances civiles. La plupart le sentaient. C'est pour cela qu'en cette occasion, les catholiques d'ordinaire les plus enclins à se réclamer uniquement de la liberté, les évêques les plus défiants de toute protection séculaire se montrèrent les plus favorables à l'action des puissances, non qu'ils voulussent à leur tour recourir au bras séculier, comme l'insinuaient les panégyristes avoués de l'inquisition, mais parce que l'intervention des gouvernements ne pouvait s'exercer que dans le sens de la modération, et qu'elle était conforme à toutes les traditions, les puissances et les princes ayant, de Nicée à Trente, toujours été représentés aux grandes assises de l'Église. L'intervention directe des gouvernements, aucun des Pères du concile ne semble néanmoins l'avoir formellement invoquée, bien que quelques-uns, tels que l'archevêque de Paris, Mgr Darboy, « le conseiller ecclésiastique de Napoléon III », aient plus d'une fois réclamé l'aide morale du gouvernement français[1]. Malgré son antipathie pour le régime impérial, Mgr Dupanloup avait lui-même, avant de partir pour Rome, fait une visite aux Tuileries.

A ne consulter que leur intérêt bien entendu, l'intérêt de leurs bonnes relations, l'Église et l'État eussent eu tout profit à laisser la salle conciliaire ouverte aux représentants attitrés des sociétés laïques ; mais le sentiment public et les mœurs nouvelles y répugnaient de part et d'autre. Ni la cour de Rome, ni la majorité du concile, ni les gouvernements, ni les partis politiques, n'y étaient disposés. Un seul État, et de troisième ordre, la Bavière, en manifesta le désir par l'organe du prince Hohenlohe, et entama des négociations dans ce sens. Aussi Pie IX s'était-il

---

[1] Particulièrement dans sa lettre du 29 janvier 1870.

abstenu d'adresser, selon l'usage, aux souverains catholiques l'invitation de se faire représenter au concile, bien qu'à tout événement il eût d'abord fait préparer à Saint-Pierre une place pour leurs « orateurs »[1]. L'absence des représentants du pouvoir laïque devait remplir de joie les promoteurs de la définition. L'*Univers* en triomphait bruyamment d'avance. L'organe des ultras n'y voyait pas seulement, ce qui est conforme aux faits, un signe de la séparation, aux trois quarts effectuée, de l'Église et de l'État, il y voyait la consommation de la rupture entre la société moderne et l'Église, le prélude de l'abrogation des concordats, et il osait s'en féliciter, déclarant en langage fatidique qu'au temps des alliances allait, pour l'Église, succéder l'ère des conquêtes[2].

Le cabinet français, auquel la présence de nos soldats à Rome donnait en cette question une influence et une responsabilité particulières,

---

[1] Le motif mis officiellement en avant par le Vatican et le cardinal Antonelli pour ne pas inviter les souverains catholiques, c'était la situation du roi Victor-Emmanuel vis-à-vis du Saint-Siége. L'*Univers* en avait donné une autre raison en demandant quelle place pouvaient avoir, dans un concile catholique, des représentants de l'État, « c'est-à-dire d'une chose qui n'est plus dans l'Église ».

[2] Article du 11 juillet 1868.

était, à cet égard, inégalement partagé. Le ministre des affaires étrangères, M. Daru, inclinait à l'intervention. Catholique, lié de longue date avec Montalembert, il croyait de l'intérêt de l'État d'arrêter la définition de l'infaillibilité et de soutenir la minorité du concile. Craignant que les exagérations des ultras ne contraignissent le pouvoir à des mesures de défense, il préférait, comme chrétien et comme homme d'État, la politique de prévention à celle de répression. Le chef du cabinet, au contraire, M. Émile Ollivier, avec la majorité de ses collègues, tenait pour la politique de « respectueuse abstention ». Estimant le pouvoir civil suffisamment armé contre tout empiétement de l'autorité ecclésiastique, il considérait l'infaillibilité comme une affaire intérieure de l'Église, où les États n'avaient rien à démêler.

On n'en pouvait dire autant de toutes les questions politico-ecclésiastiques qui, d'après les bulles d'indiction, devaient être soulevées à Rome : les tendances de la majorité des Pères laissaient craindre qu'elles ne fussent tranchées d'une façon peu conforme aux droits de l'État. Aussi les partisans de l'intervention revinrent-ils à la charge lors de la divulgation, par une indiscrétion de la presse allemande, du *schema :*

De Ecclesia[1]. Ce *schema,* dont les canons reproduisaient en plein dix-neuvième siècle la théorie du pouvoir indirect du spirituel sur le temporel, de la papauté sur les couronnes, était si manifestement contraire au droit public moderne que toutes les chancelleries s'en étaient émues. Notre ministre des affaires étrangères, désireux de prévenir les conflits qu'il voyait s'amasser, trouvait là un nouveau motif d'intervention. Il eût voulu envoyer au concile un ambassadeur spécial ; son choix même, affirme-t-on, était déjà fait dans la personne de M. le duc de Broglie. Tel n'était pas l'avis de M. Ollivier, soutenu par la majorité des ministres, à laquelle l'Empereur se rallia après ses habituelles irrésolutions. Comme terme moyen, le cabinet des Tuileries se décida à faire remettre au Saint-Père un mémorandum appuyé par les autres puissances, mais dépourvu de toute sanction, et ce mémorandum « agenouillé », selon l'expression du chef du cabinet, le gouvernement impérial le laissa bientôt, lors de la retraite de M. Daru, « s'évaporer en vain manifeste[2] ».

[1] Cette publication, sans doute calculée pour remuer l'opinion, fut le fait de l'*Allgemeine Zeitung,* alors *Gazette d'Augsbourg,* qui soutenait les vues de l'épiscopat allemand, tout entier opposé à la définition.

[2] Émile OLLIVIER, *l'Église et l'État au concile du Vatican,* t. II, p. 227 et 241.

Avec M. Daru, provisoirement remplacé aux affaires étrangères par M. Ém. Ollivier, les partisans de l'intervention perdirent leur dernier appui.

La cour de Rome, après avoir décliné les représentations des puissances, finit du reste par calmer leurs inquiétudes en retirant ce malencontreux *schema : De Ecclesia,* soit pour l'amender, soit pour gagner du temps. On n'en laissa venir au concile que ce qui touchait le Pape ; mais dans cette partie on inséra, contrairement au projet primitif, l'infaillibilité pontificale. Près de quatre cents évêques avaient, dès leur arrivée, demandé dans un *postulatum* l'introduction de cette question, se fondant sur ce qu'en ce moment même elle soulevait trop de controverses pour n'être pas définitivement tranchée. La minorité française et allemande eut beau présenter un contre-*postulatum,* Pie IX, une fois rassuré sur les projets d'intervention des gouvernements, introduisit la question, et, dès qu'il s'y fut résolu, il se jeta de sa personne dans la lutte avec sa fougue habituelle, envoyant des brefs aux journaux et aux prêtres qui défendaient la suprématie pontificale, recevant des députations d'infaillibilistes, blâmant et à l'occasion tançant durement les évêques ou les cardinaux qui se permettaient de s'opposer à la promulgation d'un dogme, que, sans attendre la décision du concile, il avait solennellement affirmé en proclamant de son autorité l'Immaculée Conception à la face d'une assistance d'évêques. Cette fois, Pie IX n'épargna rien pour le triomphe définitif des prérogatives du suprême magistère qu'il vénérait en sa propre personne.

Les adversaires de la définition eussent voulu qu'à l'exemple de Trente, aucune résolution, en matière dogmatique du moins, ne fût prise qu'à l'unanimité morale, sinon à l'unanimité absolue. A cette prétention, le Vatican, qui, malgré les précédents, avait seul dressé les règlements du concile, répondit en édictant que toutes les décisions seraient prises à la simple majorité. Plus de cent évêques protestèrent en vain contre cet article d'un règlement qui avait déjà soulevé leurs stériles réclamations, sans oser revendiquer le droit de statuer eux-mêmes, ainsi que les Pères de Trente, sur l'ordre et les conditions de leurs travaux. La session s'avançant et les chaleurs de l'été menaçant de suspendre le concile avant que l'infaillibilité fût venue en discussion, les légats pontificaux, en dépit des représentations d'un grand nombre de Pères des deux partis, intervertirent l'ordre du jour de

l'assemblée, renversant l'ordre logique et traditionnel des canons sur les droits de l'Église, sans
s'arrêter à l'objection qu'avant d'aborder l'infaillibilité pontificale, il eût été bon de définir en
quelles matières l'Église elle-même est infaillible. La question venue enfin au concile, les
débats, déjà fort longs, il est vrai, furent écour-
tés, et ainsi le dernier espoir enlevé à l'opposition, réduite pour toute tactique à ne rien attendre
que d'une prorogation.

La majorité, ardente, impatiente de délais,
obtint des chefs de la minorité, de Mgr Haynald
notamment, qu'ils renonçassent à la parole.
Cette concession, traitée au premier moment de
trahison par l'évêque d'Orléans, n'était pas du
goût de tous. Quelques-uns, Mgr Dupanloup
entre autres, eussent voulu maintenir leur droit
à la parole ; l'attitude de l'assemblée les contrai-
gnit à se résigner également au silence. On accusait déjà l'opposition de s'être entendue pour
prolonger indéfiniment la discussion en la faisant
reprendre tour à tour par chacun de ses membres.

Des évêques dans un concile ne pouvaient,
comme des Irlandais à la Chambre des Communes, s'exposer volontairement au reproche
d'obstruction. Ils préférèrent se taire. Aussi vit-

on, en une seule séance, vingt-deux orateurs de la minorité renoncer successivement à monter à l'ambon. Ce spectacle se renouvela deux jours de suite. A l'appel des secrétaires : *Dominus episcopus *** accedat ad ambonem*, les évêques ne se levaient plus. Enfin, le 13 juillet, la définition était votée en congrégation, autrement dit en comité secret, par 451 voix sur 601 votants ; 88 Pères avaient répondu *Non placet ;* 62 n'avaient donné qu'un *oui* conditionnel (*Placet juxta modum*).

Quelques jours après avait lieu, en séance publique, le scrutin définitif sous les yeux mêmes du Souverain Pontife, qui avait enfin attaché à la tiare cette couronne si longtemps contestée. La minorité, sentant toute résistance inutile, s'était résolue à ne pas affliger Pie IX en renouvelant publiquement ses votes dissidents à la face du Saint-Père. Qu'elle l'ait fait ou non de propos délibéré, le dogme récemment inscrit au *Credo* catholique a, de cette façon, comme elle le réclamait d'avance, obtenu du concile la presque unanimité. Deux voix seulement contre 533, la majorité ayant grossi d'un scrutin à l'autre, s'obstinèrent à la négative. Les chefs de l'opposition avaient quitté Rome la veille, après avoir inutilement envoyé une ambassade au Pape pour tenter de faire atténuer les termes de la définition[1].

Cette sorte de retraite au moment décisif leur a été aussi sévèrement reprochée que l'avaient été leur persistance à se mettre en travers de l'opinion dominante et leurs efforts pour faire échouer ou ajourner l'infaillibilité. Il serait assurément facile de relever chez la minorité plus d'une inconséquence, de signaler chez elle des alternatives de décision et de découragement, de résistance et de reculade; mais un concile n'est pas une assemblée politique, où des partis sans foi commune, séparés par des haines invétérées, se font un devoir de rester jusqu'au bout fidèles à leurs principes ou à leurs passions.

Des évêques, délibérant la mitre au front, dans une basilique, sous les yeux du Père commun des fidèles et sous les ailes invisibles de l'Esprit-Saint, que tous sentaient planer au-dessus d'eux; des évêques, également dévoués à l'Église et au Saint-Siége, redoutant par-dessus tout le scandale des discordes intestines en face de l'impiété aux aguets, résignés d'avance pour

---

[1] Il ne faut pas oublier, du reste, que malgré sa défaite, la minorité avait déjà obtenu, dans la définition même qu'elle combattait, certaines modifications de forme qui n'étaient pas sans importance. — Voyez l'abbé LAGRANGE, t. III, p. 183, et M. Émile OLLIVIER, t. II, p. 363-367.

le maintien de l'unité à toutes les défaites et les
humiliations, mettant leur vertu et leur honneur
à se soumettre, ne pouvaient combattre en irréconciliables, avec les révoltes de la chair et l'orgueil de l'esprit, un dogme dont le triomphe
paraissait de jour en jour plus assuré, auquel
croyaient, pour la plupart, ses adversaires mêmes,
et que tous étaient d'avance résolus à accepter
du concile[1]. Ce qui devait triompher au Vatican,
ce n'était pas seulement la papauté élevée définitivement sur la tête de l'épiscopat, c'était,
grâce à la soumission de tous les Pères (pas un
évêque, dans toute la catholicité, n'a repoussé les
constitutions du concile), l'unité, la cohésion de
l'Église, rendue plus frappante par l'ardeur de ses
controverses, privilége unique et force incomparable en un temps où toutes les influences traditionnelles semblent en train de se dissoudre.

---

[1] « D'avance j'adhère, je suis soumis et je suis heureux
d'adhérer, joyeux de me soumettre », s'écriait, avant de partir
pour Rome, Mgr Dupauloup dans une de ses lettres pastorales.

CHAPITRE XV

Ce qui nous intéresse surtout, ce sont les résultats pratiques, c'est l'impartial jugement des faits que rendent tôt ou tard les années, et qu'aucune autorité ne saurait casser ni contester. Or, si l'on regarde la sentence portée par le temps, qui marche si vite aujourd'hui, sur ces controverses déjà si loin de nous, on s'aperçoit, nous semble-t-il, qu'ainsi qu'il arrive souvent dans la chaleur du combat, les différents partis et les divers acteurs ont attaché à leurs luttes une importance outrée ; que, d'un côté et de l'autre, ils s'en exagéraient les conséquences, et qu'à tout prendre, la nouvelle définition dogmatique n'a valu à l'Église ni tout ce qu'en redoutaient les uns, ni tout ce qu'en espéraient les autres.

Est-ce à dire que toutes les appréhensions de la minorité du concile fussent vaines? Non, assurément. En Orient, en Allemagne, en Suisse, en Italie, en France même, la proclamation de l'infaillibilité du Pape a été le signal, a été la cause ou le prétexte de scissions et de défections qui, pour n'avoir entraîné qu'un petit nombre de fidèles, ou mieux, d'indifférents sans foi, n'en ont pas moins été une plaie nouvelle au sein de l'Église. Chose plus grave que le schisme mort-né des vieux catholiques, l'érection de l'infaillibilité pontificale en dogme a partout réveillé, contre le Saint-Siége, les défiances des peuples et des gouvernements. L'ombre en a paru s'étendre sur la société civile, et les pouvoirs laïques en ont été offusqués. En Autriche, M. de Beust profite des décisions du concile pour dénoncer le concordat de 1855, l'un des plus favorables à l'Église que Rome ait jamais signés. Les cours et les États non catholiques n'ont pas été les derniers à s'en alarmer. En Allemagne et en Angleterre, on a vu deux hommes d'État, de principes et de tempérament bien différents, mais à certains égards les deux plus remarquables de leur âge et tous deux se piquant également d'être chrétiens ; l'un, défiant des innovations modernes, contempteur des assemblées et du régime parlementaire, apologiste convaincu des pouvoirs forts ; l'autre, apôtre du libéralisme et pionnier infatigable de l'ère démocratique : M. de Bismarck et M. Gladstone, exprimer publiquement par la parole ou la plume les appréhensions suscitées chez eux par le dogme nouvellement inscrit au *Credo* catholique [1]. A plus forte raison en a-t-il été ainsi chez les masses populaires, sur lesquelles les mots et les formules ont tant de prise. L'infaillibilité a, sous ce rapport, ravivé l'impression du *Syllabus*, fourni aux railleries banales et aux sarcasmes populaires un trait de plus. Elle n'a pas été étrangère à la recrudescence de haines contre l'Église, et à la campagne anticléricale qui, en Allemagne, en Suisse, en France, en Belgique, en Autriche même, a presque partout signalé la fin du long pontificat de Pie IX.

Tout cela est incontestable : sur tous ces points, l'événement a justifié les craintes de la minorité du concile, et néanmoins les promoteurs de la définition seraient en droit de soutenir qu'elle n'a pas attiré sur l'Église tous les maux ou les périls qu'en redoutaient leurs adversaires.

---

[1] M. de Bismarck dans ses dépêches et ses discours ; M. Gladstone dans son *Vaticanisme*.

Il a suffi de quelques années pour en affaiblir singulièrement l'effet, au dehors comme au dedans du sanctuaire. Les hommes d'État qui s'en étaient montrés les plus inquiets en ont vite pris leur parti, et l'on a vu les Bismarck et les Gladstone, après avoir affiché les craintes que leur inspirait l'autocratie pontificale, chercher à faire tourner au profit de leur politique, en Allemagne ou en Irlande, cette omnipotence papale dont ils avaient dénoncé les périls pour le pouvoir civil. Bien plus, les infaillibilistes peuvent se vanter d'avoir raffermi la charpente séculaire de l'Église, consolidé tout le vieil édifice catholique en fortifiant la papauté, qui en est la clef de voûte et la maîtresse pièce. Au moment où le successeur de Pierre allait perdre son sceptre temporel, ils lui ont assuré une couronne que ni révolution, ni conquérant ne lui sauraient arracher. A l'heure où l'Église, dépouillée de ses États territoriaux, ayant cessé de régner en souveraine sur sa capitale, pouvait sembler exposée aux divisions intestines et aux schismes nationaux, ils en ont étroitement resserré et pour ainsi dire vissé l'unité, si-bien que l'Église n'a jamais été plus papale et plus romaine que depuis le jour où Rome a cessé d'appartenir au Saint-Siége. C'est une chose en effet digne de remarque, que l'année où le Pape a été officiellement reconnu infaillible a été l'année où le Saint-Siége a perdu sa royauté dix fois séculaire. Dans la concordance de ces deux faits, dont l'un atténue singulièrement les conséquences de l'autre, les ultramontains sont libres de montrer le doigt de la Providence, qui n'a laissé tomber la petite monarchie italienne des papes qu'après avoir assuré leur monarchie spirituelle et affermi leur empire dans l'Église. Il est vrai que les promoteurs de la définition, loin de s'attendre à la chute du trône temporel de Pie IX, s'imaginaient le fortifier et l'étayer avec l'infaillibilité; mais n'est-ce pas ainsi d'ordinaire, en aveugles inconscients de l'œuvre à laquelle leurs mains travaillent, que les hommes sont les instruments des desseins de la Providence?

Toujours est-il (et tel est au point de vue politique le fait capital) que c'est au moment où les papes ont cessé de compter parmi les princes qu'ils sont devenus monarques absolus de l'Église; c'est la veille du jour où ils ont perdu leurs minces États temporels, que d'un bout à l'autre du monde catholique ils ont vu toutes les vieilles résistances nationales abdiquer solennellement à leurs pieds, de façon qu'en réalité jamais le Saint-Siége n'a été plus puissant dans l'Église, jamais il n'a plus régné sur les âmes que depuis qu'il a cessé de donner des lois aux bords du Tibre et que le Pape vit en prisonnier au Vatican. Telle est, en somme, pour qui regarde les choses de haut, la principale conséquence du dernier concile, et c'est là un fait que les hommes d'État ne sauraient perdre de vue; si, depuis le mois de septembre 1870, les papes, frustrés de leur ancienne souveraineté, restent humainement et politiquement désarmés, jamais dans le domaine religieux ils ne se sont trouvés mieux équipés pour la lutte.

En dehors de là, en dehors du prestige et de l'ascendant qu'elle assure au Pape, l'érection de l'infaillibilité pontificale en dogme a peu modifié la situation intérieure et la constitution actuelle de l'Église. Contrairement à la thèse des vieux catholiques allemands ou suisses, on pourrait soutenir que le concile n'y a en réalité rien changé. Il n'y a guère, en somme, qu'un article de foi de plus au *Credo* catholique, et cet article de de foi, jadis tant contesté, était dans la pratique accepté de presque tous les croyants, longtemps avant d'avoir été solennellement promulgué dans le transept de Saint-Pierre. Le concile s'est borné à convertir le fait en droit.

La définition de l'infaillibilité a encore moins

modifié les relations de l'Église avec l'État et la société laïque. Envisage-t-on les questions débattues parmi le clergé et les fidèles avant 1870, on trouve ainsi que le concile du Vatican n'y a presque rien changé. Il n'a pas suffi de la proclamation de l'infaillibilité romaine pour mettre fin aux divisions ou aux dissentiments des catholiques.

Quant au pouvoir même du Pape, devant lequel tous s'agenouillaient d'avance, le différend, déjà en 1870 plus théorique que pratique, soulevé entre les infaillibilistes et leurs adversaires, a seulement été reculé et reporté plus loin. En proclamant le Souverain Pontife infaillible, le concile n'a pas rigoureusement précisé les conditions dans lesquelles s'exerce cette infaillibilité. Le Pape est infaillible en matière d'enseignement doctrinal sur la foi et les mœurs ; mais où finit la morale et où commence la politique? Il est infaillible quand il parle *ex cathedra,* c'est-à-dire comme pasteur et docteur suprême ; mais les conditions ou les signes de l'*ex cathedra* n'ont pas été définis avec une parfaite netteté[1]. A cet égard, se retrouvent parmi les catholiques

---

[1] Sur la portée et les conditions de l'infaillibilité, voyez M. Émile OLLIVIER, *l'Église et l'État au concile du Vatican,* t. II, p. 359, 371. — Cf. t. I, p. 186, 199.

les deux tendances qui les divisaient avant 1870. Les uns, de tout temps jaloux de faire intervenir le *Roma locuta est,* sont portés à étendre démesurément la sphère de l'infaillibilité pontificale ; les autres restent enclins à la renfermer dans certaines limites. Ces divergences de vues ou de sentiment n'ont du reste que peu d'importance pratique, tous les catholiques étant d'accord pour s'en remettre à l'autorité des chefs de l'Église. A en juger par les quinze dernières années, l'infaillibilité reste une souveraine prérogative dont, loin d'abuser, la sagesse pontificale semble peu disposée à faire un fréquent usage.

Aussi ne saurait-on s'étonner si le dogme promulgué en 1870 n'a pas mis un terme aux dissensions des catholiques français ou belges, si, pas plus que le *Syllabus,* l'infaillibilité n'a résolu la question des rapports de l'Église et de la société moderne, c'est-à-dire le point sur lequel portent aujourd'hui et porteront longtemps encore les dissentiments des catholiques. Les controverses doctrinales, qui, durant des siècles, ont tenu l'Église plus ou moins divisée, ont cessé. Les querelles parallèles des jansénistes et des molinistes, des gallicans et des ultramontains ont été les dernières ; mais l'unité absolue, la concorde parfaite n'est pas de ce monde. L'es-

prit de dispute et de contention survit à la conformité des doctrines. Les humaines divergences
d'idées et de sentiments se font jour jusque dans
l'Église qui a poussé le plus loin l'unité, parmi
les fidèles qui acceptent le même *Credo* et se
courbent sous la même autorité. Le terrain de
la lutte a seul changé. Aux anciennes controverses dogmatiques, aux vieilles querelles théologiques, qui ne touchaient qu'indirectement la
politique et la société, ont succédé des divisions
d'une tout autre importance pratique. C'est sur
l'attitude de l'Église vis-à-vis de la société moderne que se partagent désormais les catholiques ;
et ce dissentiment, il est malaisé à la papauté
de le trancher, même à l'aide du glaive de l'infaillibilité. Il y a là des questions trop délicates
et trop complexes pour être résolues d'autorité.
Les expériences faites sous Pie IX, les controverses et les équivoques suscitées par le *Syllabus* ne sont pas propres à y encourager le
Saint-Siége.

Encore une fois, il est fort invraisemblable
qu'aucun pape aille en ce sens au delà de Pie IX.
Ce ne serait toujours pas sous Léon XIII que le
Vatican irait sciemment froisser les gouvernements ou les peuples pour faire passer dans la
sphère immuable du dogme ce qu'il y a de plus

mobile en ce monde, les opinions politiques. Le Saint-Siége aurait beau s'étudier à préciser sur cette délicate matière l'enseignement de l'Église, les encycliques de Léon XIII et de ses successeurs ne sauraient être accueillies avec plus de respect que celles de Grégoire XVI et de Pie IX; mais, comme ces dernières, elles échapperaient malaisément à la divergence des interprétations, d'autant que la politique du Vatican pourrait trouver son profit à ces divergences mêmes. Si, comme il en manifeste l'intention, Léon XIII intervient du haut de la chaire de Pierre entre les polémiques des catholiques, c'est moins, croyons-nous, pour fixer la doctrine, pour condamner les uns au bénéfice des autres, que pour calmer les querelles intestines des enfants de l'Église et les inviter à la paix.

Certains écrivains semblent croire que, pour s'accommoder aux libertés modernes, l'Église serait obligée de se réconcilier formellement avec elles, en effaçant des encycliques pontificales les anathèmes du *Syllabus,* ce que lui interdit l'infaillibilité papale[1].

C'est là, nous ne craignons pas de l'affirmer, une erreur capitale. Pour vivre en paix, l'Église

[1] Cela semble, par exemple, l'opinion de M. de Laveleye. *La crise récente en Belgique et la question religieuse,* 1885.

romaine et la société moderne n'ont nullement besoin de signer un traité de paix. Rien ne les oblige à conclure un contrat ou un compromis qui leur imposerait, en effet, à l'une et à l'autre, des concessions ou des transactions de principes que ni l'une ni l'autre ne saurait admettre. Ni les catholiques, avant tout soucieux des intérêts de l'Église, ni les simples libéraux, préoccupés surtout du bien de la société civile, ne se peuvent bercer d'un pareil songe. Les guerres spirituelles de ce genre finissent sans traité comme sans négociation, chacun gardant ses principes et ses prétentions. Alors même qu'on prendrait les déclarations du *Syllabus* dans le sens littéral le plus étroit, l'Église catholique peut vivre avec les libertés modernes sans que, selon la proposition condamnée par Pie IX, ses successeurs soient tenus de se réconcilier formellement avec le progrès, avec le libéralisme et la civilisation nouvelle, *cum progressu, cum liberalismo et cum recenti civilitate sese reconciliare et componere*. Aucun accord de ce genre n'est nécessaire ; et, s'il est impossible, nous ne saurions pour notre part le regretter, car nous ne le croirions pas plus dans l'intérêt de la société civile que dans celui de la religion.

L'essentiel, nous sommes contraints de le répéter, c'est la pratique, et, à cet égard, rien n'autorise à regarder l'infaillibilité pontificale comme un obstacle de plus entre l'Église et la société contemporaine. Peut-être même pourrait-on, malgré leur apparence paradoxale, appliquer ici les idées d'un écrivain anglais [1], et dire qu'en pareille matière l'infaillibilité papale donne à l'Église plus de liberté de mouvement en lui donnant un organe vivant immortel.

Pratiquement, après l'infaillibilité comme après le *Syllabus*, les catholiques demeurent libres de suivre la politique qui leur agrée. Ils sont libres de leur opinion, et cette liberté, Rome ne saurait tenter de la leur enlever.

[1] M. MALLOCK, *Is life worth living*, p. 250-255.

CHAPITRE XVI

Conclusion. — Les idées libérales aujourd'hui suspectes à une grande partie du clergé. — La faute n'en est pas seulement aux ultras. — Comment la démocratie et les attaques de leurs adversaires ramèneront les catholiques à la liberté. — Leur attitude et leurs fautes depuis 1870. — Ce que leur a valu la politique des ultras. — De la *contre-révolution* comme mot d'ordre donné aux catholiques. — De la « monarchie chrétienne. » — En quel sens le christianisme et le catholicisme en particulier resteront malgré tout un élément de liberté.

La liberté que Rome leur laisse, la plupart des catholiques ne s'en servent guère aujourd'hui. Dans le clergé, dans le bas clergé surtout, les idées libérales sont odieuses ou suspectes. L'esprit de réaction, fomenté dans son sein par la presse religieuse, a, depuis la révolution du 4 septembre et les désillusions des dernières années, pris sur lui un nouvel ascendant. A aucune époque peut-être les libéraux n'ont rencontré moins de sympathie dans ses rangs, quoiqu'il se voie contraint d'invoquer lui aussi le nom de liberté et de chercher un refuge au pied de cette profane idole. La faute en est-elle uniquement aux préventions de son éducation, étrangère au monde et isolée du siècle, aux conseils des feuilles qui, loin de l'éclairer sur une société qu'il ignore, persistent à le bercer de dangereux souvenirs et de décevantes espérances?

Non, pour n'être pas injuste, nous devons reconnaître que la faute en est en partie à d'autres, à ceux qui, se targuant du nom de libéraux ou de démocrates, arrêtent leur libéralisme à leurs amis et à leurs doctrines; à ceux qui, faussant cyniquement la notion de liberté, prétendent faire de l'intolérance religieuse la marque du libéralisme; à tous ceux, en un mot, dont l'exclusivisme sectaire entretient la répulsion des catholiques pour les libertés modernes et travaille à les dégoûter de la société contemporaine.

Chose triste, et par où l'on voit le peu de progrès des hommes, des partis et de l'esprit public, aujourd'hui tout comme il y a plus de cinquante ans, tout comme aux jours où La Mennais inscrivait en lettres d'or sur les bannières de l'Église le mot de liberté, les défiances sont réciproques, et, qui pis est, elles sont mutuellement fondées. Aujourd'hui de même qu'en 1830, le libéralisme se confond encore pour trop de catholiques avec la haine du catholicisme, et, comme le disait La Mennais, « il faut avouer qu'on a peu fait pour les détromper de leur erreur [1] ».

Qu'on le célèbre dans une presse qui ne semble comprendre que la licence, ou qu'on le grave sur les murailles d'édifices accoutumés à porter les emblèmes de tous les régimes, les catholiques se méfient du nom de Liberté. Et ce même mot, sur leurs lèvres, n'inspire que défiance, depuis surtout qu'après l'avoir solennellement invoqué durant vingt ans, un grand nombre d'entre eux l'ont renié et désavoué. Ils provoquent autour d'eux un sourire incrédule, quand ils se reprennent à balbutier ce nom qu'ils ont trop longtemps désappris et qui, dans leur bouche, semble prendre un accent étranger. On sent, hélas ! que ce n'est pas leur langue qu'ils parlent ; s'ils s'essayent à la bégayer, la plupart le font sans conviction, parce que c'est le jargon du jour. Parmi eux, comme chez nombre de leurs adversaires, ce mot trop profané ne semble qu'une fastueuse étiquette qui ne trompe plus personne, de façon que, dans le camp catholique, les autoritaires

[1] *Avenir* du 16 octobre 1830.

ont fini par enlever aux libéraux toute créance. Non contents de les discréditer dans l'Église comme de faux catholiques, ils ont réussi à les discréditer au dehors comme de faux libéraux.

Si courte qu'ait été la vieillesse des Montalembert et des Lacordaire, ces initiateurs du libéralisme catholique ont assez vécu pour assister à la ruine de leur noble rêve sous les coups de leurs anciens amis. Plus tristes encore eussent été leurs dernières années si le nombre en avait été moins parcimonieusement mesuré. On a dit que les catholiques libéraux avaient fait faillite, et, en réalité, grâce à l'abandon de leurs anciens associés, les hautes espérances de leur jeunesse ont été trahies ; mais, à y bien regarder, est-ce la seule faillite de ce genre ? Les libéraux catholiques ont-ils été les seuls à perdre leur crédit auprès du public ou de leur ancienne clientèle ? Leurs adversaires de 1830 à 1848, devenus leurs alliés de 1850 et de la fin de l'Empire, ont-ils été beaucoup plus heureux ? Le libéralisme tout court, le libéralisme bourgeois de 1830, n'a-t-il pas été également déçu ? Si l'on essayait d'en dresser le bilan, d'en compter les désillusions, d'en évaluer les insuccès et les pertes, ne serait-on pas en droit de conclure que lui aussi a fait banqueroute ? Un pessimiste pourrait dire que ce qui a fait faillite, que ce qui a été ruiné, ce sont les superbes espérances de la première moitié du siècle; mais, dans la sphère des idées, à travers la marche tout à la fois lente et saccadée des sociétés, la fortune a parfois de brusques retours, et ce qui aujourd'hui semble en ruine peut demain se relever.

En attendant, malgré le *Syllabus,* malgré les étroites doctrines et les enseignements surannés en honneur dans tel ou tel séminaire, il serait encore moins difficile aux catholiques de revenir à l'esprit de Montalembert et de Lacordaire qu'à la société politique, à la démocratie, qui envahit tout, de refluer jusqu'aux Guizot et aux Thiers. Le triomphe même de cette démocratie, dont les orageuses destinées ont été jadis annoncées par La Mennais et ses amis, ne fera que donner plus de poids à leurs idées et à leur politique, en en démontrant pratiquement la valeur. Tôt ou tard, il se retrouvera dans l'Église des hommes pour oser dire qu'au sein de nos sociétés égalitaires, fondées sur la ruine des priviléges, il n'y a pour la religion d'autre terrain que la liberté, d'autre droit que le droit public. Les événements, la démocratie elle-même, se chargeront de convaincre les catholiques qu'ils ne peuvent trouver d'abri durable en dehors des principes de cette société moderne, tant honnie de certains d'entre eux. La liberté apparaîtra de plus en plus comme l'unique refuge laissé aux croyances chrétiennes. Ses temples, ouverts à tous, sont les seuls qui puissent rester en possession du droit d'asile. Le malheur des catholiques qui, aux heures de détresse, viennent y chercher un refuge, est que, après l'avoir bénie et avoir embrassé ses autels, ils n'ont pas craint de l'outrager et d'en enseigner le mépris.

Les catholiques français ont singulièrement à faire pour rendre à l'Église la situation qu'elle occupait au milieu du siècle. Ils ont beaucoup à apprendre et beaucoup à faire oublier. Un trop grand nombre sont loin de le sentir ; en dépit des déceptions du passé, ils s'obstinent à demeurer enfoncés dans les obscurs fourrés de l'absolutisme. Ils n'ont pas entendu les leçons de l'histoire, ils n'ont pas su lire les signes du temps. Stimulés par leurs victoires dans l'intérieur du sanctuaire, les ultras, les théoriciens de l'absolutisme religieux et politique se sont retournés contre la société moderne, et, par un étonnant égarement, plus elle s'écarte d'eux, plus ils se croient assurés de la ressaisir et de la dompter. La grande tourmente de 1870, leurs défaites répétées des dernières années, ne les ont pas éclairés.

Ils n'ont pas vu que, si la troisième république
les a traités d'une manière si différente de la
seconde, cela tenait en grande partie au changement d'attitude du clergé et des catholiques vis-
à-vis de la république et vis-à-vis des libertés
modernes. Loin de là, leurs organes les plus
écoutés, les moniteurs attitrés du clergé, n'ont
eu de satisfaction qu'en accentuant ce revirement, qu'en fournissant des aliments aux haines
et aux préventions populaires, qu'en se jetant inconsidérément au travers des vœux et des sympathies du pays. Oublieux de la recommandation
de Montalembert de dégager la religion de toute
solidarité politique, oubliant que « l'alliance de
l'Église avec les partis, à plus forte raison avec
les coteries, est le pire des régimes qu'on lui
puisse souhaiter [1] », ils se sont plu à confondre
les intérêts spirituels avec les intérêts temporels,
ils n'ont rien épargné pour enchaîner le catholicisme à un parti politique, et, dans ce parti, à
la fraction la plus exaltée, la plus impopulaire,
la plus chimérique. Par leurs bravades téméraires
et leurs fols défis, ils n'ont cessé d'attirer sur le
clergé, avec les rancunes de la démocratie, les
représailles des vainqueurs du jour, et, ce qui

---

[1] M. DE FALLOUX, *Mélanges.*

est plus grave, l'antipathie des masses, l'aversion du peuple. Auxiliaires inconscients du radicalisme révolutionnaire, ils ont contribué de toutes leurs forces à discréditer la religion et à déchristianiser la France. Les politiques l'avaient prévu dès longtemps : « Les doctrines les plus saintes deviendront odieuses, écrivait Mgr Dupanloup au commencement de l'Empire ; nous verrons toutes les haines, toutes les colères, tous les mépris qu'un journalisme emporté amasse contre lui se tourner contre nous. » A quoi ont-ils abouti, ces fauteurs de l'intolérance et ces trop sincères apôtres de l'absolutisme ? « A permettre aux ennemis de l'Église d'en faire, comme au temps de Tacite, l'objet de la haine du genre humain. » Ce n'est pas nous, c'est un cardinal qui l'affirme[1] : et, si l'on regarde aux couches populaires, l'expression n'est pas trop forte.

Cette menaçante impopularité de l'Église, et, avec elle, de toute religion, dans les classes qui doivent le plus à la religion, ne s'explique que trop aisément. Montalembert et Lacordaire avaient pour mot d'ordre le nom de liberté ; quelle devise ont choisie ceux qui les ont supplantés dans la direction des catholiques ? Ils ont

---

[1] Lettre du cardinal Lavigerie (1884) à l'abbé Lagrange : *Vie de Mgr Dupanloup,* t. III, Introduction.

pris comme cri de ralliement le mot le plus irritant pour le siècle, le plus répugnant pour le pays : contre-révolution. Sous le règne du suffrage universel, quand la nation n'est unanime que sur un point, l'aversion pour l'ancien régime, ils n'ont pas craint d'adopter ce nom de guerre provocateur qui, selon la remarque d'un catholique peu suspect de sympathies révolutionnaires, « confond dans une obscurité déplorable ce qu'on doit conserver et ce qu'on doit combattre [1] ». On comprend les tristesses et l'effroi, on comprend les colères de certains catholiques en voyant arborer comme symbole un nouveau *labarum* sur lequel, au lieu du monogramme de Constantin, est inscrit ce mot de contre-révolution, érigé en signe de salut; en voyant, sous cette bannière plus politique que religieuse, de naïfs et bruyants agitateurs s'efforcer d'entraîner l'Église à l'assaut de la société moderne.

Et, qu'on ne s'y trompe pas, pour ces orateurs ou ces journalistes qui se flattent de détruire la France nouvelle, ce n'est pas là une vaine devise, mais bien un programme qu'en dépit de leur manifeste impuissance, ils prétendent imposer et

[1] M. DE FALLOUX, *Mélanges*, t. II, p. 365.

appliquer [1]. Alors que l'Église, qui a vu naître et mourir les empires et les dynasties, l'Église, plus vieille que tous les États et toutes les Constitutions, s'est toujours fait un devoir de ne s'inféoder à aucun régime, à aucune de ces mobiles formes de gouvernement qui varient avec les siècles comme la coupe des habits, les docteurs du nouvel ultramontanisme vont répétant qu'il n'y a d'acceptable, pour la religion, que ce qu'ils nomment la monarchie chrétienne [2]. Hors de là pas de salut ! il n'y a, pour la France, qu'une sorte de damnation politique. Et cette monarchie chrétienne, qu'en 1852 leur maître s'imaginait avoir retrouvée dans l'empire plébiscitaire sous l'aigle pseudo-romaine de la dynastie corse, ils l'ont depuis redemandée aux fleurs de lys du drapeau blanc et au Versailles de Louis XIV et de Louis XV.

La royauté absolue, aux trois quarts païenne

[1] Faut-il rappeler qu'en 1884 et 1885, l'*Univers*, assisté d'un certain nombre de journaux de France et de l'étranger, a présidé à la formation d'une « *Ligue* de la contre-révolution »?

[2] Ce terme de monarchie chrétienne n'a, bien entendu, pas plus de valeur théologique que de valeur politique. « Il n'est pas exact, écrivait récemment à ce propos l'évêque de Bayeux, qu'il y a une forme de monarchie particulière, ayant des droits particuliers, qui soit d'institution divine ou ecclésiastique, et qu'on appelle, pour ce motif, monarchie chrétienne. » Mgr Hugonin, *Philosophie du droit social* (1885), p. 258.

d'esprit et d'origine, où le monarque se vantait d'être l'État ; le régime du Roi-Soleil, qui avait poussé l'adoration du trône jusqu'à l'idôlatrie et renouvelé, à la face du christianisme, les apothéoses des césars romains ; le régime du bon plaisir, des favoris et des favorites, décoré par eux du titre de royauté chrétienne, ils l'ont audacieusement érigé en idéal et en modèle, oubliant qu'à l'époque où cette monarchie était dans tout son éclat, le plus évangélique des évêques de France en détournait les yeux avec tristesse et cherchait un refuge, au fond des fictions, dans sa romanesque Salente.

Non moins aveugles sur le présent que sur le passé, ils se sont attachés avec passion à ce que l'ancienne royauté avait pour les générations modernes de plus répulsif ; et, quand la fortune ou la Providence leur a offert une occasion de rétablir cette monarchie dont ils attendaient le salut, ils en ont, par leurs exigences, rendu la restauration impossible. C'est une chose à signaler, en effet, que les radicaux de l'ultramontanisme ont, plus que tout autre parti, contribué à l'échec de la forme de gouvernement qu'ils prêchaient au peuple ; que personne, dans aucun camp, n'a autant fait pour acclimater en France un régime qu'ils ne cessaient de proclamer incompatible avec les intérêts catholiques. L'histoire dira qu'ils ont été les plus précieux auxiliaires des fondateurs de la troisième république, et ce qui achève de faire juger leur politique, pendant qu'ils aidaient inconsciemment les Thiers et les Gambetta à installer la République, ils n'ont rien omis pour soulever les susceptibilités des républicains et s'attirer les vengeances du régime qu'ils rendaient inévitable [1].

Il est difficile de calculer le mal qu'une telle politique a fait au catholicisme. L'Église en portera longtemps le poids. Heureusement pour elle que les imprudences et les excès des intransigeants de l'ultramontanisme sont en partie réparés et équilibrés par les violences et les folies des fanatiques de l'irréligion. Ce sont là des compensations fréquentes dans l'histoire ; elle est habituée à voir les partis extrêmes travailler réciproquement l'un pour l'autre.

C'est ainsi que l'intolérance de l'athéisme

---

[1] On ne saurait avoir oublié que cette collaboration des ultras avec les républicains et les démocrates n'a pas toujours été inconsciente ; elle a plus d'une fois été voulue et réfléchie. Ainsi, après le 24 mai 1873, lorsqu'ils ont aidé au renversement d'un ministère coupable de n'avoir pas rétabli la monarchie du drapeau blanc. Ainsi, lors de la création du Sénat, quand les « chevau-légers » de l'Assemblée nationale s'unirent à la gauche pour l'élection des sénateurs inamovibles.

doctrinaire commence à rendre aux catholiques, avec les sympathies des libéraux, le sens et le goût de la liberté. On peut compter sur le zèle persécuteur des apôtres du matérialisme pour refaire, à cet égard, l'éducation des croyants et les contraindre à se couvrir de ce bouclier de la liberté, le seul qui les puisse défendre. Les souffrances, les humiliations, les défaites sont la meilleure leçon des partis et des religions aussi bien que des peuples. Si dure que semble l'oreille de leurs conseillers favoris aux enseignements de l'histoire et des faits, la majorité des catholiques n'y demeurera pas toujours sourde. Lorsqu'ils auront vu s'évanouir leurs derniers rêves de domination, quand ils auront enfin compris l'inanité des promesses et des prédictions enfantines dont on les abuse, ils renonceront à lutter contre la société moderne, de même que l'ange de la Genèse se lassa de lutter avec Jacob. Ils feront en France ce qu'ils ont dès longtemps fait ailleurs : ils s'accommoderont, tout comme en Amérique, de la démocratie, de la révolution et du droit commun. Quelque éloigné qu'en semble le jour, si incrédules qu'ils restent à de pareilles prophéties, ils reviendront tôt ou tard à la liberté, et ils finiront par s'y attacher, ils en prendront l'amour avec l'habitude. Bien plus, si paradoxal que cela semble, ces hommes, qui ne cessent de la dénigrer, contribueront peut-être à son triomphe par leurs résistances mêmes.

Le christianisme, en effet, — et c'est par là que nous terminerons ces trop longues et incomplètes considérations, — le christianisme, quelles qu'en soient les doctrines et les tendances théoriques, reste à bien des égards un élément de liberté, parce qu'en tant que force indépendante du pouvoir, il demeure une digue ou une limite à l'absolutisme. Nous n'irons pas rechercher aujourd'hui si, comme le prétendait Montalembert [1], la notion même du pouvoir absolu n'est pas, dans son principe, non moins que dans sa filiation historique, plus païenne que chrétienne. Il nous suffit de rappeler que le catholicisme ne saurait servir le despotisme que si ce dernier se met à son service. Or, dans l'Europe contemporaine, dans notre France démocratique surtout, c'est là un péril chimérique. Il n'y a plus pour en douter que les esprits extrêmes des deux bords opposés, que des illuminés, presque également aveugles, abusés, les uns par leurs regrets, les autres par leurs craintes, qui, dans l'opposition même de leurs vœux, font simul-

[1] *Des intérêts catholiques au dix-neuvième siècle.*

tanément à la société moderne, à la société laïque, l'injure de n'avoir pas confiance dans la solidité de ses conquêtes.

Si la liberté, dont le règne est si facile à proclamer et si laborieux à établir, si les libertés publiques courent un danger, ce qui les menace, ce n'est assurément ni la théocratie, ni la monarchie de droit divin. L'écueil, pour elles, aujourd'hui comme aux premiers siècles de notre ère, c'est l'omnipotence de l'État, l'asservissement de l'individu, de la famille, de la société par l'État, absorption rendue plus facile et plus dangereuse par l'avénement de la démocratie, par la souveraineté impersonnelle du peuple substituée à l'empire d'un seul.

Or, qu'il le veuille ou non, le christianisme est aujourd'hui, comme au temps des Césars païens ou des Kaisers germaniques, une barrière à cette confiscation de l'individu, un obstacle à la mainmise de l'État. Il y a, chez lui, dans le secret sanctuaire de la conscience où il fait sa demeure, une force incompressible dont aucune violence, aucune puissance ne saurait triompher. A ce titre, que le souverain s'appelle *autocratôr* ou *démos,* empereur ou peuple, que ce soit un prince divinisé par l'adulation ou une multitude enivrée à son tour des fumées du pouvoir, le christianisme, le catholicisme se dresse devant lui comme une borne à l'absolutisme, un frein à la tyrannie. A ce titre, le catholicisme, quels que soient les enseignements de ses docteurs, est, tout comme au temps des catacombes, libéral malgré lui. Il redevient un facteur de liberté, un agent d'indépendance, un rempart de l'autonomie de la conscience.

C'est au christianisme, on le sait, que remonte la distinction des deux pouvoirs, et, si défectueuse, si mal fondée en droit que semble à nos juristes cette théorie surannée, elle n'en contient pas moins une distinction essentielle, et, avec une part de vérité, une notion de liberté. Si la liberté humaine était naguère intéressée à ne pas laisser le sacerdoce assujettir la société civile, elle ne l'est pas moins à ne pas voir la puissance civile, l'État, le seul pouvoir reconnu de nos jours, asservir ou se subordonner les droits de la conscience. Pour cela précisément la liberté peut compter sur le christianisme. Il a débuté dans l'histoire en refusant de brûler l'encens devant la statue des empereurs, il ne s'inclinera pas davantage devant le culte de l'État, la moderne idolâtrie qui tend, en la remplaçant, à renouveler l'apothéose des césars.

« Le christianisme, a dit quelque part Rousseau, ne prêche que servitude et dépendance : son esprit est trop favorable à la tyrannie pour qu'elle n'en profite pas toujours ; les vrais chrétiens sont faits pour être esclaves. » Cette sentence du philosophe de Genève, que trop de catholiques semblent prendre à tâche de confirmer, l'histoire ne la ratifie point. Rousseau, ici comme d'habitude, n'a vu qu'une face de la question, et, partant d'une observation incomplète, il aboutit à une conclusion erronée. L'Évangile a beau enseigner l'humilité, la soumission aux puissances établies, il est une chose, et non la moindre, que le chrétien prétend soustraire à leur autorité, c'est son âme, sa conscience. Sur ce point, il est intraitable, et le catholique plus que tout autre, parce que la constitution cosmopolite de son Église en rend la subordination au pouvoir civil non-seulement malaisée, mais impossible. Sur ce point, le catholique pousse la résistance aux empiétements de l'État jusqu'au martyre, et le martyre, qui est la révolte des âmes, est la plus opiniâtre et la plus efficace des rébellions.

Les disciples de Rousseau, les théoriciens de la souveraineté illimitée de l'État, s'en sont aperçus lors de la Révolution, quand ils ont eu l'imprudence de se heurter à cette borne invisible.

Les vingt derniers siècles offrent plus d'un exemple de ce genre, et il y a là des leçons pour les peuples non moins que pour les rois. Si puissante, si confiante en ses forces que soit la superbe et jeune souveraine des temps nouveaux, la démocratie moderne, ses prédécesseurs à l'empire du monde lui ont laissé des enseignements qu'il est de son intérêt de ne pas oublier. Tout pouvoir, il est vrai, tout pouvoir récent surtout, est impatient de frein, de limite. Rois et conquérants ont toujours eu peine à supporter une barrière à leur domination. Peut-être ce sentiment n'est-il pas étranger à l'aversion de certains démocrates pour le christianisme.

FIN

APPENDICE

FRAGMENT D'UNE LETTRE INÉDITE DE LOUIS VEUILLOT
A MGR RENDU, ÉVÊQUE D'ANNECY

(2 août 1849)

.....Vous savez dans quels combats nous sommes, et vous en êtes inquiet. Je puis vous dire que mes chagrins domestiques m'ont été à peine plus sensibles que ceux que j'ai ressentis en voyant la fausse voie où nos amis s'engagent. Je suis désolé surtout de l'attitude de M de Montalembert. M. de Falloux m'a moins surpris. Je n'ai jamais compté sur lui. Quoique chrétien plein de ferveur, il n'a jamais été précisément un des nôtres, ce que nous appelons *un catholique avant tout.* Il l'a cru, et beaucoup d'autres comme lui; il le croit encore peut-être. Moi, je ne m'y suis point trompé, et j'étais si fixé sur ce point, avant le 10 décembre 1848, que j'ai beaucoup insisté dans un conseil qu'il a tenu entre nous pour qu'il n'entrât point au ministère. Ma vraie raison, que je n'ai point osé dire, était qu'il laisserait nos idées à la porte. Il n'y a point manqué. C'est essentiellement un homme d'accommodement, de transaction et d'affaire, avec beaucoup plus d'ambition qu'il ne suppose en avoir. M. Dupanloup de même. Ce n'est pas M. de Falloux, comme on le pense, qui a rétabli le Pape. C'est le Président, qui a mis dans toute cette affaire une volonté inflexible et beaucoup de cœur. Je le tiens d'une source sûre, du nonce lui-même.

Je ne comptais donc pas sur M. de Falloux, mais je comptais sur Montalembert. Il a cédé à deux influences anciennes, et qui lui ont toujours été fatales : celle de M. Dupanloup et surtout celle de Thiers. Votre Grandeur ne saurait croire les discussions qu'il a fallu soutenir, les combats qu'il a fallu livrer, la volonté et l'entêtement dont j'ai eu besoin pour ne pas traiter M. Thiers (qui a gardé tous ses vieux et mauvais sentiments) comme l'espérance de la religion. Et cela pourquoi ? parce que M. Thiers voudrait aujourd'hui fortifier le parti des révolutionnaires contents et repus, dont il est le chef, d'un corps de gendarmes en soutane, à cause de l'insuffisance manifeste des autres. Se repentant uniquement d'avoir cru trop tôt l'Église inutile, M. Thiers voudrait aujourd'hui l'employer, mais à sa guise. M. de Montalembert ne veut pas voir cela, et il faut avouer que sur une foule de points il semble n'être plus du tout le même homme que nous avons connu. C'est à peine s'il espère pour la société quelques années de vie, et il ne les espère que de la force. Je ne dis pas que mes espérances vont beaucoup plus loin, mais je dis que jusqu'au dernier jour, jusqu'à la dernière heure, il faut proclamer la vérité de nos principes et ne point les asservir, ni nous avec eux, à la folie et à l'impiété de ces politiques qui ne comprennent la religion que comme un mensonge heureux.

Le grand mal de la loi Falloux, c'est qu'elle est un manque de foi. Elle proclame que nous-mêmes ne croyons plus à ce que nous avons tant demandé. Or, comme j'y crois encore pour ma part, comme je crois que le salut est dans la liberté de l'Église et n'est que là, je m'en tiens à nos vieilles doctrines, et je n'entre point dans un accommodement qui les outrage. J'aime mieux un argument qu'une position.

Si j'avais le bonheur de vous voir, Monseigneur, je vous dirais et je vous expliquerais beaucoup de choses qui ne peuvent tenir dans une lettre ; malheureusement je suis obligé de passer à la course et d'arriver tout de suite au résultat, qui a été celui-ci : qu'il fallait diviser au plus vite le parti catholique pour en sauver quelque chose et éviter qu'il ne tombât tout entier, sur la question religieuse, dans les bras de l'Université, sur la question politique, dans le sein du conservatorisme bourgeois représenté par M. Thiers. Telle était la situation, telle du moins je l'ai vue, et comme je n'ai en tout ceci aucun intérêt personnel d'aucun genre, comme j'ai depuis longtemps fait toute espèce de sacrifice de position, d'agrandissement de fortune ; comme je ne tiens à rien augmenter de ce que je possède, et même à rien en conserver, **je crois voir juste.**

Je vous demande le secret, Monseigneur, sur toutes ces confidences Je crois qu'en somme, après cette bagarre, le parti catholique restera, et même que Montalembert en restera le chef, averti seulement, et cela est nécessaire, que son autorité n'est point absolue. Mais dût-on le perdre, ce serait un moins grand malheur encore que de tout perdre, et le drapeau, et l'armée, et les principes.

Agréez, Monseigneur, etc.

L'original de cette lettre est aux mains d'un membre du clergé paroissial de Paris.

TABLE DES MATIÈRES

INTRODUCTION.

CHAPITRE PREMIER.

CHAPITRE II.

CHAPITRE III.

CHAPITRE IV.

CHAPITRE V.

CHAPITRE XII.

CHAPITRE XIII.

CHAPITRE XIV.

CHAPITRE XV.

CHAPITRE XVI.

APPENDICE.

FIN DE LA TABLE.

PARIS. TYPOGRAPHIE DE E. PLON, NOURRIT ET Cie, RUE GARANCIÈRE, 8.

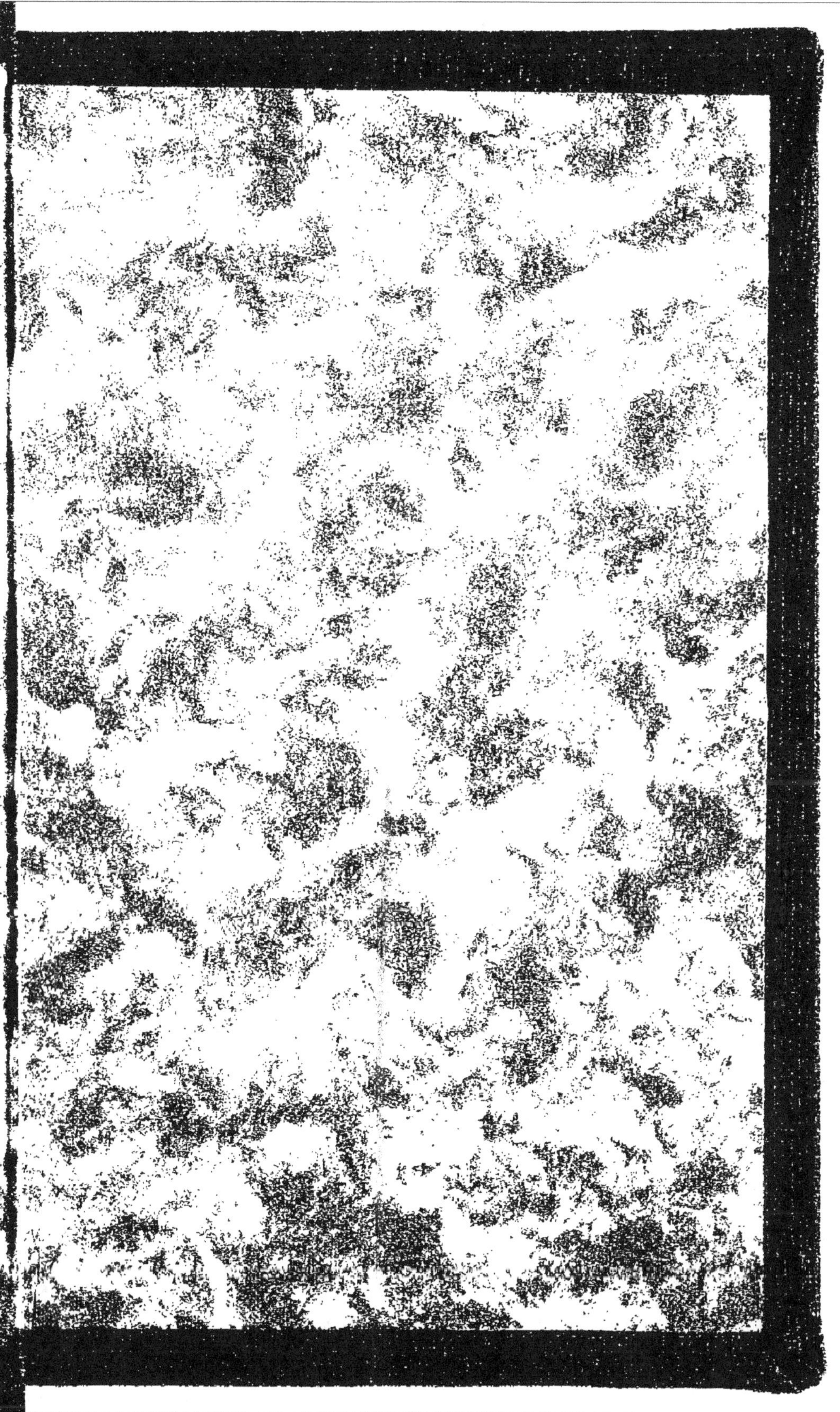